시사중국어사

초판발행	2017년 9월 1일
1판 2쇄	2021년 11월 15일
저자	박흥수, 진윤영
책임 편집	최미진, 가석빈, 高霞, 엄수연
펴낸이	엄태상
디자인	진지화
콘텐츠 제작	김선웅, 김현이, 유일환
마케팅	이승욱, 전한나, 왕성석, 노원준, 조인선, 조성민
경영기획	마정인, 조성근, 최성훈, 정다운, 김다미, 오희연
물류	정종진, 윤덕현, 양희은, 신승진
펴낸곳	시사중국어사(시사북스)
주소	서울시 종로구 자하문로 300 시사빌딩
주문 및 교재문의	1588-1582
팩스	0502-989-9592
홈페이지	http://www.sisabooks.com
이메일	book_chinese@sisadream.com
등록일자	1988년 2월 13일
등록번호	제1-657호

ISBN 979-11-5720-080-1 14720
　　　 979-11-5720-078-8 (set)

* 이 책의 내용을 사전 허가 없이 전재하거나 복제할 경우 법적인 제재를 받게 됨을 알려 드립니다.
* 잘못된 책은 구입하신 서점에서 교환해 드립니다.
* 정가는 표지에 표시되어 있습니다.

머리말

중국어는 어렵다면서요?

주위에서 중국어에 대한 관심이 높아지면서 이런 질문을 많이 받습니다. 저는 이런 질문에 대해서 다음과 같이 대답해주곤 합니다. "중국어 어렵지 않아요."

중국의 대학에서 외국학생들에게 중국어를 가르치는 교수들은 전 세계에서 온 유학생들 중에 한국 학생들이 중국어를 제일 잘한다고 합니다. 그런데 왜 정작 한국의 중국어 학습자들은 중국어를 어렵다고 느끼는 것일까요? 그 이유는 중국어가 가지는 고유한 특성, 교수자의 교수방법, 학습자의 학습방법, 재미있고 학습하기 쉬운 교재의 부재 등등 여러 가지가 있을 수 있습니다.

본 교재는 한국의 학습자들이 느끼는 중국어가 어렵다는 생각을 버리고 쉽고 재미있게 중국어를 학습할 수 있게 하자는 동기에서 만들어졌습니다. 현장에서 학습자들에게 중국어를 가르쳐본 경험과 노하우를 토대로 철저한 연구 분석 과정을 거쳐 본 교재는 기획되고 집필되었습니다. 독자 여러분들은 상상上上 중국어와 함께 즐겁고 재미있는 중국어 학습 여행을 떠나시기만 하면 됩니다.

중국어는 어떻게 배워요?

이 책은 총 10과로 매 과마다 학습자가 단계적으로 중국어에 접근할 수 있도록 구성되어 있습니다. 여러분은 상상上上 중국어와 함께 한걸음씩 나아가다 보면 어느덧 기초과정을 졸업하고 중국어 고수의 문 앞에 서 있게 될 것입니다. 자 그럼 이 교재에서 제시하는 단계별 중국어 학습법에 대하여 살펴보도록 하겠습니다.

- **1단계**: Intro에서는 각 과에서 배울 내용을 간단하게 제시합니다.
- **2단계**: 머리에 쏙쏙! 새단어에서는 새 단어를 익힙니다.
- **3단계**: 입에서 술술! 회화에서는 회화1과 회화2의 학습을 통해 중국어로 말합니다.
- **4단계**: 실력이 쑥쑥! 문법에서는 회화에 나오는 기본적인 문법 학습을 통해 실력을 키웁니다.
- **5단계**: 중국어 UP!에서는 중국어의 다양한 표현과 단어 학습을 통해 실력을 UP 시킵니다.
- **6단계**: 마무리 쏙쏙! 연습문제에서는 연습문제 풀이를 통해 각 과의 학습내용을 점검합니다.
- **7단계**: 입에 착착! 발음연습에서는 발음연습을 통해 중국어의 기초를 단단하게 다집니다.
- **8단계**: 퀴즈퀴즈~에서는 현대 중국 사회와 문화에 대하여 상식을 넓혀갑니다.

중국어 속담에 "늦다고 탓하지 말고 멈추지 말자(不怕慢, 只怕站)"라는 말이 있습니다. 외국어 학습에서 중요한 것은 매일매일 조금씩이라도 멈추지 말고 꾸준히 하는 것입니다. 여러분들이 상상上上 중국어를 손에서 놓지 않고 쉬지 않고 가다보면 어느새 중국어가 입에서 술술, 실력이 쑥쑥, 나의 중국어 실력이 크게 UP 되어 있는 것을 발견하게 될 것입니다.

저자 박흥수, 김윤영

차 례

- 머리말 　　　　　　　　　　　　　　　　　　3
- 차례 　　　　　　　　　　　　　　　　　　　4
- 수업계획표 　　　　　　　　　　　　　　　　6
- 이 책의 특징 　　　　　　　　　　　　　　　8

Unit 01 你最近怎么样? 　　　　　　　　　　10
Nǐ zuìjìn zěnmeyàng?
요즘 어떠세요?

Unit 02 我来介绍一下。 　　　　　　　　　　22
Wǒ lái jièshào yíxià.
제가 소개할게요.

Unit 03 你在干什么呢? 　　　　　　　　　　34
Nǐ zài gàn shénme ne?
당신은 무엇을 하고 있나요?

Unit 04 周末你做什么了? 　　　　　　　　　46
Zhōumò nǐ zuò shénme le?
주말에 당신은 뭘 했나요?

Unit 05 你去过中国吗? 　　　　　　　　　　58
Nǐ qùguo Zhōngguó ma?
당신은 중국에 가본 적이 있나요?

| Unit 06 | 你会说汉语吗? | 70 |

Nǐ huì shuō Hànyǔ ma?
당신은 중국어를 할 줄 아나요?

| Unit 07 | 你打算什么时候去中国? | 82 |

Nǐ dǎsuàn shénme shíhou qù Zhōngguó?
당신은 언제 중국에 갈 계획인가요?

| Unit 08 | 今天又热又潮。 | 94 |

Jīntiān yòu rè yòu cháo.
오늘은 덥고 습해요.

| Unit 09 | 你做菜做得非常好。 | 106 |

Nǐ zuò cài zuò de fēicháng hǎo.
당신 요리 정말 잘하네요.

| Unit 10 | 你把手机放在哪儿了? | 118 |

Nǐ bǎ shǒujī fàngzài nǎr le?
당신은 휴대전화를 어디에 두었나요?

- 문법 정리하기　　　　　　　　　　　　　　　130
- 해석 및 정답　　　　　　　　　　　　　　　146

수업계획표

수업차시	주제		학습내용
1주차	Unit 01	你最近怎么样?	회화 1 / 주변 사람의 안부 묻기
			회화 2 / 몸 상태 묻고 답하기
			문법 / '有点儿'과 '一点儿' / 동작의 지속 '着' / 형용사 + '多了' / 조동사 '能'과 '应该'
2주차			표현 더하기+ / 안부를 묻는 표현은?
			단어 더하기+ / 감기 증상 관련 단어 / 진료 관련 단어
			발음연습 / 잰말놀이 1
3주차	Unit 02	我来介绍一下。	회화 1 / 친구 소개하기
			회화 2 / 면접에서 자기소개 하기
			문법 / 동사 + '一下' / 전치사 '在' / 조동사 '숲' / 동사구 목적어
			표현 더하기+ / 간단한 중국어 자기소개
			단어 더하기+ / 사람 성격 관련 단어 / 구직, 채용 관련 단어
			발음연습 / 배운 내용을 응용해서 자기소개 하기
4주차	Unit 03	你在干什么呢?	회화 1 / 친구와 약속 잡기
			회화 2 / 쇼핑·식사 관련 대화하기
			문법 / 동작의 진행 부사 '在' / 존현문 / 접속사 '先……再……'
			표현 더하기+ / 약속을 정할 때는 이렇게!
			단어 더하기+ / 음식 명칭 / 음료 명칭
			발음연습 / 잰말놀이 2
5주차	Unit 04	周末你做什么了?	회화 1 / 주말에 한 일 물어보기
			회화 2 / 아픈 친구 병문안 가기
			문법 / 동태조사 '了' / 어기조사 '了' / 듣자 하니 '听说'
			표현 더하기+ / 동태조사 '了'와 어기조사 '了'
			단어 더하기+ / 여가 활동 관련 단어 / 하루 일과 관련 단어
			발음연습 / 잰말놀이 3
6주차	Unit 05	你去过中国吗?	회화 1 / 중국 여행에 대해 이야기하기
			회화 2 / 카페에서 대화하기
			문법 / 동태조사 '过' / 동량사 '次' / '是……的'강조구문 / 전치사 '除了'
			표현 더하기+ / 동태조사 '了', '过', '着'
			단어 더하기+ / 여행 관련 단어 / 중국 주요 도시 명칭
			발음연습 / 잰말놀이 4
7주차	워크북 Unit 01~05 / 문법편 01~05 복습		
8주차	중간고사		

수업차시	주제		학습내용	
9주차	Unit 06	你会说汉语吗?	회화 1	지하철 길 안내하기
			회화 2	화장품 구매하기
			문법	조동사 '会', '能', '可以' / 조동사 '得' / 부사 '就'
			표현 더하기 +	다양한 길 안내 표현
			단어 더하기 +	브랜드 이름 / 중국인이 한국에서 많이 사는 쇼핑 품목
			발음연습	잰말놀이 5
10주차	Unit 07	你打算什么时候去中国?	회화 1	방학 계획 물어보기
			회화 2	호텔에서 체크인하기
			문법	부사 '已经' / 접속사 '一边……一边……' / 동사 '祝' / 전치사 '从' / 시량보어 / 결과보어 '好'
			표현 더하기 +	호텔 숙박 시 유용한 회화 표현은?
			단어 더하기 +	호텔 관련 단어 / 항공권 예약 관련 단어
			발음연습	전화로 호텔 예약을 해볼까요?
11주차	Unit 08	今天又热又潮。	회화 1	오늘 날씨에 대해 이야기하기
			회화 2	오늘 날씨와 어제 날씨 비교하기
			문법	'连……也(都)……' / 부사 '难怪' / '跟' 비교문 / 전치사 '比'
			표현 더하기 +	오늘의 날씨는 어떤가요?
			단어 더하기 +	날씨 및 기후 관련 단어 / 가전 제품 관련 단어
			발음연습	날씨에 대해 이야기하는 표현을 배워봐요.
12주차	Unit 09	你做菜做得非常好。	회화 1	중국어 실력 칭찬하기
			회화 2	음식 솜씨 칭찬하기
			문법	구조조사 '得' / 부사 '快……了' / 구조조사 '的' / 보어 '……极了'
			표현 더하기 +	초대 관련 플러스 표현
			단어 더하기 +	맛과 관련된 단어 / 식사 도구 관련 단어
			발음연습	왕란은 음식을 매우 잘해요.
13주차	Unit 10	你把手机放在哪儿了?	회화 1	잃어버린 물건 찾기
			회화 2	휴대전화 분실 신고하기
			문법	동작의 처치 '把'자문 / 피동 '被'자문
			표현 더하기 +	'把'자문과 '被'자문을 연습해보아요
			단어 더하기 +	컴퓨터 관련 단어 / 전화 관련 단어
			발음연습	신애의 일기를 큰 소리로 읽어보세요.
14주차			워크북 Unit 06~10 / 문법편 06~10 복습	
15주차			기말고사	

이 책의 특징

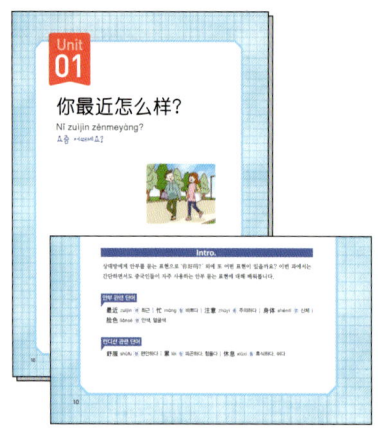

▶ **Intro.**
각 과의 주제에 맞는 단어를 가볍게 제시하여 함께 이야기 나누어 보는 코너입니다. 어떤 내용을 배울지에 대해서도 생각하고 지나갈 수 있습니다.

▶ **머리에 쏙쏙! 새단어**
회화1, 회화2에 새로 나온 단어를 보여줍니다. 미리 학습하고 지나가면 회화가 쉽게 느껴지고 학습 효과도 높일 수 있습니다.

▶ **입에서 술술! 회화1,2**
주제에 맞는 간단한 회화문을 학습합니다. 간단하지만 활용도가 높은 회화만을 담았습니다. 표현 Tip에 등장하는 내용도 꼼꼼히 학습하세요!

▶ **실력이 쑥쑥! 문법**
실력을 키울 수 있는 문법 코너입니다. 간단하지만 핵심을 찌르는 설명으로 실용 예문과 함께 중국어 문법을 확실하게 학습해볼 수 있습니다.

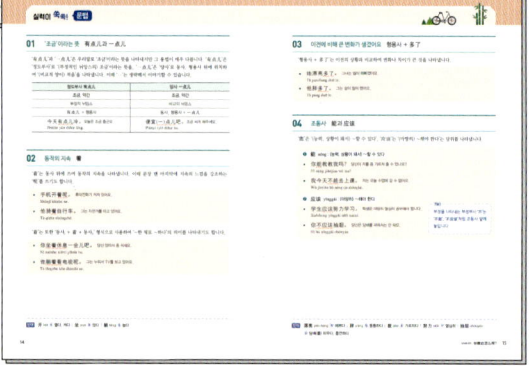

▶ 중국어 UP! 표현 더하기+/단어 더하기+
주제에 따른 추가 표현과 추가 단어를 배웁니다.
추가 표현으로 연습을 더하고, 주제별 단어로
실력을 더하세요.

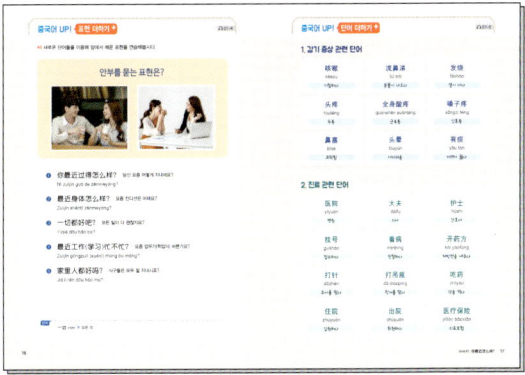

▶ 마무리 쓱쓱! 연습문제
쉽고 간단하지만 꼭 필요한 문제로 한 과를
마무리해볼 수 있습니다.

▶ 입에 착착! 발음연습
발음을 지루하지 않게 조금씩, 다양하게
연습하고 넘어갈 수 있습니다. 각 과의
주제에 맞는 문장 및 잰말놀이를 통해
발음을 연습함으로써 재미있게 한 과를
마무리할 수 있습니다.

▶ 퀴즈퀴즈~ 중국 문화 어렵지 않아요!
중국 문화를 좀 더 쉽고 효과적으로 배우는
방법! 이렇게 퀴즈로 풀면 가능합니다! 지루하
고 뻔한 내용보다는 재미있고 실용적인 문화
퀴즈가 가득합니다!

▶ 문법 정리
본 교재에 나온 굵직한 문법을 10개로 정리했
습니다. 궁금한 문법은 바로바로 확인하면서
학습하고 이해해보세요.

Unit 01

你最近怎么样?

Nǐ zuìjìn zěnmeyàng?
요즘 어떠세요?

Intro.

상대방에게 안부를 묻는 표현으로 '你好吗?' 외에 또 어떤 표현이 있을까요? 이번 과에서는 간단하면서도 중국인들이 자주 사용하는 안부 묻는 표현에 대해 배워봅니다.

안부 관련 단어

最近 zuìjìn 명 최근 | **忙** máng 형 바쁘다 | **注意** zhùyì 동 주의하다 | **身体** shēntǐ 명 신체 | **脸色** liǎnsè 명 안색, 얼굴색

컨디션 관련 단어

舒服 shūfu 형 편안하다 | **累** lèi 형 피곤하다, 힘들다 | **休息** xiūxi 동 휴식하다, 쉬다

머리에 쏙쏙! 새 단어 🎧 01-1

회화 1

最近	zuìjìn	몡 최근
工作	gōngzuò	몡 일, 직업 동 일하다
忙	máng	형 바쁘다
还行	hái xíng	그럭저럭 괜찮다
感冒	gǎnmào	동 감기에 걸리다 몡 감기
了	le	조 ~로 되었다 [변화를 나타냄]
不用	bú yòng	~할 필요 없다
担心	dānxīn	동 걱정하다
还是	háishi	부 그래도, 여전히
有点儿	yǒudiǎnr	부 조금
注意	zhùyì	동 주의하다
身体	shēntǐ	몡 신체

회화 2

脸色	liǎnsè	몡 안색, 얼굴색
一直	yìzhí	부 줄곧, 계속해서
着	zhe	조 ~한 채로 [동작이나 상태의 진행, 지속]
打工	dǎgōng	동 아르바이트하다
所以	suǒyǐ	접 그리하여
舒服	shūfu	형 편안하다
这样	zhèyàng	대 이렇게
总是	zǒngshì	부 항상, 늘
累	lèi	형 피곤하다, 힘들다
应该	yīnggāi	조동 마땅히 ~해야 한다
休息	xiūxi	동 휴식하다, 쉬다
陪	péi	동 모시다, 동반하다
医院	yīyuàn	몡 병원

Unit 01. 你最近怎么样? 11

입에서 술술! 회화 1

🎧 01-2

주변 사람의 안부 묻기

A 你最近怎么样?
Nǐ zuìjìn zěnmeyàng?

B 我最近很好，工作也不太忙，你呢?
Wǒ zuìjìn hěn hǎo, gōngzuò yě bú tài máng, nǐ ne?

A 还行。对了，你的感冒好点儿了吗?
Hái xíng. Duì le, nǐ de gǎnmào hǎo diǎnr le ma?

B 好多了，你不用担心。
Hǎo duō le, nǐ bú yòng dānxīn.

A 天气还是有点儿冷，注意身体。
Tiānqì háishi yǒudiǎnr lěng, zhùyì shēntǐ.

B 好的，你也是。
Hǎo de, nǐ yě shì.

표현 Tip

▶ '对了'는 '아 참!'이라는 감탄사예요!

'对'는 '맞다, 옳다'라는 뜻의 형용사로 주로 쓰입니다. 그런데 여기에 '了'가 붙어서 만들어진 '对了'라는 표현은 잊고 있던 무언가가 생각났을 때, '아 맞다', '아 참'이라는 뜻으로 사용됩니다.

입에서 술술! 회화 2

몸 상태 묻고 답하기

A 你脸色怎么不好?
Nǐ liǎnsè zěnme bù hǎo?

B 我最近一直忙着打工、学习，所以身体不太舒服。
Wǒ zuìjìn yìzhí mángzhe dǎgōng、xuéxí, suǒyǐ shēntǐ bú tài shūfu.

A 你不能这样总是累着，应该好好儿休息。
Nǐ bù néng zhèyàng zǒngshì lèizhe, yīnggāi hǎohāor xiūxi.

B 对，今天我要休息。
Duì, jīntiān wǒ yào xiūxi.

A 要不要我陪你一起去医院?
Yào bu yào wǒ péi nǐ yìqǐ qù yīyuàn?

B 不用了，休息一下就好了。
Bú yòng le, xiūxi yíxià jiù hǎo le.

표현 Tip

▶ 중국에서 문장부호 '、'와 ','는 달라요!

'、(顿号 dùnhào)'는 '모점'이라고 하며 문장에서 병렬관계인 단어를 나열할 때 사용합니다. ',(逗号 dòuhào)'는 '쉼표'로 우리나라의 쉼표와 동일하게 사용됩니다.

실력이 쑥쑥! 문법

01 '조금'이라는 뜻 有点儿과 一点儿

'有点儿'과 '一点儿'은 우리말로 '조금'이라는 뜻을 나타내지만 그 용법이 매우 다릅니다. '有点儿'은 '정도부사'로 '(부정적인 뉘앙스의) 조금'이라는 뜻을, '一点儿'은 '양사'로 동사, 형용사 뒤에 위치하여 '(비교적 양이) 적음'을 나타냅니다. 이때 '一'는 생략해서 이야기할 수 있습니다.

정도부사 有点儿	양사 一点儿
조금, 약간	조금, 약간
부정적 뉘앙스	비교의 뉘앙스
有点儿 + 형용사	동사, 형용사 + 一点儿
今天有点儿冷。 오늘은 조금 춥군요. Jīntiān yǒudiǎnr lěng.	便宜(一)点儿吧。 조금 싸게 해주세요. Piányi (yì) diǎnr ba.

02 동작의 지속 着

'着'는 동사 뒤에 쓰여 동작의 지속을 나타냅니다. 이때 문장 맨 마지막에 지속의 느낌을 강조하는 '呢'를 쓰기도 합니다.

- 手机开着呢。 휴대전화가 켜져 있어요.
  Shǒujī kāizhe ne.

- 他骑着自行车。 그는 자전거를 타고 있어요.
  Tā qízhe zìxíngchē.

'着'는 또한 '동사$_1$ + 着 + 동사$_2$' 형식으로 사용하여 '~한 채로 ~하다'의 의미를 나타내기도 합니다.

- 你坐着休息一会儿吧。 당신 앉아서 좀 쉬세요.
  Nǐ zuòzhe xiūxi yíhuìr ba.

- 他躺着看电视呢。 그는 누워서 TV를 보고 있어요.
  Tā tǎngzhe kàn diànshì ne.

단어 开 kāi 동 열다, 켜다 | 坐 zuò 동 앉다 | 躺 tǎng 동 눕다

03　이전에 비해 큰 변화가 생겼어요　형용사 + 多了

'형용사 + 多了'는 이전의 상황과 비교하여 변화나 차이가 큰 것을 나타냅니다.

- 她漂亮多了。　그녀는 많이 예뻐졌어요.
  Tā piàoliang duō le.

- 他胖多了。　그는 살이 많이 쪘어요.
  Tā pàng duō le.

04　조동사　能과 应该

'能'은 '(능력, 상황이 돼서) ~할 수 있다', '应该'는 '(마땅히) ~해야 한다'는 당위를 나타냅니다.

❶ 能 néng : (능력, 상황이 돼서) ~할 수 있다

- 你能教教我吗?　당신이 저를 좀 가르쳐 줄 수 있나요?
  Nǐ néng jiāojiao wǒ ma?

- 我今天不能去上课。　저는 오늘 수업에 갈 수 없어요.
  Wǒ jīntiān bù néng qù shàngkè.

❷ 应该 yīnggāi : (마땅히) ~해야 한다

- 学生应该努力学习。　학생은 마땅히 열심히 공부해야 합니다.
  Xuésheng yīnggāi nǔlì xuéxí.

- 你不应该抽烟。　당신은 담배를 피워서는 안 돼요.
  Nǐ bù yīnggāi chōuyān.

> **Tip**
> 부정을 나타내는 부정부사 '不'는 '不能', '不应该'처럼 조동사 앞에 놓입니다.

단어　漂亮 piàoliang 형 예쁘다 | 胖 pàng 형 뚱뚱하다 | 教 jiāo 동 가르치다 | 努力 nǔlì 부 열심히 | 抽烟 chōuyān 동 담배(를) 피우다, 흡연하다

중국어 UP! 표현 더하기 +

>> 새로운 단어들을 이용해 앞에서 배운 표현을 연습해봅시다.

안부를 묻는 표현은?

① **你最近过得怎么样?** 당신 요즘 어떻게 지내세요?
Nǐ zuìjìn guò de zěnmeyàng?

② **最近身体怎么样?** 요즘 컨디션은 어때요?
Zuìjìn shēntǐ zěnmeyàng?

③ **一切都好吧?** 모든 일이 다 괜찮지요?
Yíqiè dōu hǎo ba?

④ **最近工作(学习)忙不忙?** 요즘 업무가(학업이) 바쁜가요?
Zuìjìn gōngzuò (xuéxí) máng bu máng?

⑤ **家里人都好吗?** 식구들은 모두 잘 지내시죠?
Jiā li rén dōu hǎo ma?

단어

一切 yíqiè 명 모든 것

중국어 UP! 단어 더하기 +

🎧 01-5

1. 감기 증상 관련 단어

咳嗽	流鼻涕	发烧
késou	liú bítì	fāshāo
기침하다	콧물이 나오다	열이 나다

头疼	全身酸疼	嗓子疼
tóuténg	quánshēn suānténg	sǎngzi téng
두통	근육통	인후통

鼻塞	头晕	有痰
bísè	tóuyūn	yǒu tán
코막힘	어지러움	가래가 끓다

2. 진료 관련 단어

医院	大夫	护士
yīyuàn	dàifu	hùshi
병원	의사	간호사

挂号	看病	开药方
guàhào	kànbìng	kāi yàofāng
접수하다	진찰하다	처방전을 내주다

打针	打吊瓶	吃药
dǎzhēn	dǎ diàopíng	chīyào
주사를 맞다	링거를 맞다	약을 먹다

住院	出院	医疗保险
zhùyuàn	chūyuàn	yīliáo bǎoxiǎn
입원하다	퇴원하다	의료보험

마무리 쏙쏙! 연습문제

1. 다음 그림에 해당하는 단어를 넣어 대화를 완성해보세요.

①

A 你最近怎么样?
Nǐ zuìjìn zěnmeyàng?

B _____。
_____.

②

A 你的感冒好点儿了吗?
Nǐ de gǎnmào hǎo diǎnr le ma?

B _____。
_____.

③

A 你脸色怎么不好?
Nǐ liǎnsè zěnme bù hǎo?

B _____。
_____.

④

A 要不要我陪你一起去医院?
Yào bu yào wǒ péi nǐ yìqǐ qù yīyuàn?

B _____, _____。
_____, _____.

2. 중국어 문장은 한국어로 번역하고, 한국어 문장은 중국어로 번역해보세요.

① 我最近工作不太忙。

→ _____

② 天气还是有点儿冷，注意身体。

→ _____

③ 식구들 모두 안녕하시죠?

→ _____

④ 당신은 반드시 잘 쉬어야 해요.

→ _____

입에 착착! 발음연습 🎧 01-6

>> 잰말놀이(绕口令: ràokǒulìng)를 따라 하면서 발음을 연습해보세요.

蜂会飞，   벌은 날 줄 알고,
Fēng huì fēi,

风会吹，   바람은 불 줄 알며,
fēng huì chuī,

风吹蜂飞， 바람이 불면 벌이 날고,
fēng chuī fēng fēi,

蜂奋飞。   벌은 훨훨 날아간다.
fēng fènfēi.

퀴즈 퀴즈~ 중국 문화 어렵지 않아요!

1. 중국은 다수민족인 한족(汉族 Hànzú)과 55개의 소수민족(少数民族 shǎoshùmínzú)으로 이루어진 다민족 국가입니다. 한족이 중국 전체인구의 90%를 조금 넘게 구성하고 있고, 나머지는 55개의 소수민족이 구성하고 있습니다. 55개의 소수민족 중 우리가 비교적 많이 들어본 민족으로는 장족, 만주족, 회족, 묘족, 위구르족, 이족, 통가족, 조선족, 몽골족, 이 정도일 것 같습니다. 그렇다면 이 소수민족 중에서 중국에 거주하고 있고, 한민족(韩民族)의 혈통을 가졌으며 중국 국적 주민인 '조선족'은 중국어로 무엇일까요?

① 朝鲜族 (Cháoxiǎnzú)　　② 回族 (Huízú)　　③ 苗族 (Miáozú)

2. 위의 문제에서도 알 수 있듯이 민족(民族 mínzú)이란 단어에서 한자 族(zú)는 사람이나 사물의 무리를 나타냅니다. 중국어에서 이 '族'는 명사 뒤에 붙어서 더욱 다양하게 활용됩니다. 직장인, 샐러리맨을 뜻하는 '上班族 shàngbānzú', 한류의 영향으로 한류를 좇는 사람들을 나타내는 '哈韩族 hāHánzú', 결혼은 했지만 자식을 낳지 않는 '丁克族 dīngkèzú (딩크족)' 등이 있습니다. 그렇다면 요즘 중국에서 '매월 받는 월급을 모두 다 써버리는 경향을 가진 중국의 신세대'를 일컫는 말은 무엇일까요?

① 单身贵族 (dānshēnguìzú)　　② 啃老族 (kěnlǎozú)　　③ 月光族 (yuèguāngzú)

우리가 흔히 일컫는 '조선족'을 중국어로는 '朝鲜族(Cháoxiǎnzú)'라고 합니다. 중국 내 55개 소수민족 중 13번째로 그 수가 많으며, 대부분 지린성(吉林省 Jílínshěng)에 분포하고 있습니다. 이름에서 알 수 있듯이 '朝鲜'은 '조선'이라는 뜻으로 한반도에서 이주한 사람을 칭하는 말입니다. 최근 들어 많은 조선족들이 중국 내 도시 지역 및 한국 등 국외로 대규모 이주하고, 다른 민족과의 통혼도 증가하면서 조선족의 인구성장에 커다란 영향을 주고 있다고 합니다. TV 프로그램 '위대한 탄생'을 통해 배출된 가수 '백청강'씨 역시 조선족 출신이지요.

②번의 '回族(Huízú)'는 '회족' 또는 '후이주'라고 하며 언어는 한족과 같지만 종교는 이슬람교를 믿어서 돼지고기를 먹지 않습니다. ③번의 '苗族(Miáozú)'는 '묘족' 또는 '먀오주'라고 하는데, 주로 중국 남부에 거주하며 중국 소수민족 중 전통의상이 가장 화려한 민족이라고 알려져 있습니다. 한국에서 걸그룹 피에스타의 '차오루'씨가 묘족 출신으로 알려지면서 우리나라에서도 묘족에 대한 관심이 높아졌습니다.

▶ 정답 ①

현재 중국어에서 '族'는 주로 명사 뒤에 붙어서 하나의 단어를 만드는 데 사용되고 있습니다. 어떤 특징을 가진 사람들의 무리를 지칭할 때, 바로 이 '族'를 쓰게 되는 것이지요. 문제에 나온 '매월 받는 월급을 모두 다 써버리는 경향을 가진 중국의 신세대를 일컫는 말'은 바로 '위에광주(月光族 yuèguāngzú)'라고 합니다. '한 달(月)'에 돈을 모두 다 써버린다(光)'는 뜻이지요.

①번의 '单身贵族(dānshēnguìzú)'는 돈 많은 화려한 싱글을 나타내며 ②번의 '啃老族(kěnlǎozú)'는 요즘 사회 문제로 대두되고 있는 '캥거루족(분가할 나이가 되어도 부모와 떨어지지 않고 부모에게 생계를 의탁하는 젊은 세대)'을 말합니다. 이처럼 중국도 우리나라와 같은 사회문제로 인해 비슷한 신조어들이 만들어지고 있다는 것을 알 수 있습니다. 또 한 가지 비슷한 예로, 요즘에는 '아무리 일해도 돈이 없다'는 의미인 '워킹푸어(working poor)'라는 말을 많이 쓰는데요, 중국에서도 같은 의미인 '穷忙族(qióngmángzú)'가 중국 젊은 세대에서 자주 사용된다고 하네요.

▶ 정답 ③

Unit 02

我来介绍一下。
Wǒ lái jièshào yíxià.
제가 소개할게요.

Intro.

상대방에게 자신을 소개하거나 다른 누군가를 소개할 때는 어떤 표현을 쓸까요?
이번 과에서는 자신과 상대방을 소개하는 방법, 더 나아가서 면접에서 실제로 활용할 수 있는 자기소개 표현을 배워보도록 합니다.

친구 소개 관련 단어

介绍 jièshào 동 소개하다 | 读书 dúshū 동 공부하다 | 留学生 liúxuéshēng 명 유학생

자기소개 관련 단어

专业 zhuānyè 명 전공 | 优点 yōudiǎn 명 장점 | 缺点 quēdiǎn 명 단점 | 认真 rènzhēn 형 열심히 하다, 성실하다

머리에 쏙쏙! 새 단어 🎧 02-1

介绍	jièshào	동 소개하다
一下	yíxià	양 좀 ~하다
读书	dúshū	동 공부하다, 학교를 다니다
大学	dàxué	명 대학교
留学生	liúxuéshēng	명 유학생
以后	yǐhòu	명 이후
经常	jīngcháng	부 항상, 자주
见面	jiànmiàn	동 만나다, 대면하다

自我介绍	zìwǒ jièshào	자기소개 하다
各位	gèwèi	대 여러분
考官	kǎoguān	명 면접관, 감독관
商务汉语	shāngwù Hànyǔ	비즈니스 중국어
专业	zhuānyè	명 전공
本科生	běnkēshēng	명 학부생
其他	qítā	대 기타
外语	wàiyǔ	명 외국어
简单	jiǎndān	형 간단하다
优点	yōudiǎn	명 장점
做事	zuòshì	동 일을 하다
认真	rènzhēn	형 열심히 하다, 성실하다
丰富	fēngfù	형 풍부하다
实习	shíxí	동 실습하다
经验	jīngyàn	명 경험
希望	xīwàng	동 희망하다
机会	jīhuì	명 기회

입에서 술술! 회화 1

🎧 02-2

친구 소개하기

A 信爱，我来介绍一下我的中国朋友江丽。
   Xìn'ài, wǒ lái jièshào yíxià wǒ de Zhōngguó péngyou Jiāng Lì.

B 你好，我叫江丽，认识你很高兴。
   Nǐ hǎo, wǒ jiào Jiāng Lì, rènshi nǐ hěn gāoxìng.

C 我也很高兴认识你，我现在在大韩大学读书。
   Wǒ yě hěn gāoxìng rènshi nǐ, wǒ xiànzài zài Dàhán Dàxué dúshū.

B 我在西韩大学学韩语，是留学生。
   Wǒ zài Xīhán Dàxué xué Hányǔ, shì liúxuéshēng.

A 以后我们三个经常见面吧。
   Yǐhòu wǒmen sān ge jīngcháng jiànmiàn ba.

B/C 好啊！
     Hǎo a!

표현 Tip

▶ '来'는 '오다'라는 뜻 말고도 다른 뜻이 있어요!

'오다'라는 뜻의 동사 '来'는 다른 동사 앞에 쓰여 '어떤 일을 하려는 것'을 나타내거나 '어떤 동작을 하다'라는 뜻을 나타내기도 합니다.

· 那我来说一下。 그럼 제가 이야기할게요.
  Nà wǒ lái shuō yíxià.

· 你休息吧，我来吧。 당신은 쉬어요, 내가 할게요.
  Nǐ xiūxi ba, wǒ lái ba.

입에서 술술! 회화 2

🎧 02-3

💬 면접에서 자기소개 하기

A 请自我介绍一下。
Qǐng zìwǒ jièshào yíxià.

B 各位考官好，我叫朴信爱，今年23岁，
Gèwèi kǎoguān hǎo, wǒ jiào Piáo Xìn'ài, jīnnián èrshísān suì,

是商务汉语专业的本科生。
shì shāngwù Hànyǔ zhuānyè de běnkēshēng.

C 你还会说其他外语吗？
Nǐ hái huì shuō qítā wàiyǔ ma?

B 我会说英语和简单的日语。
Wǒ huì shuō Yīngyǔ hé jiǎndān de Rìyǔ.

D 你的优点是什么？
Nǐ de yōudiǎn shì shénme?

B 我做事很认真，有丰富的实习经验，
Wǒ zuòshì hěn rènzhēn, yǒu fēngfù de shíxí jīngyàn,

希望大家给我这个机会，谢谢。
xīwàng dàjiā gěi wǒ zhè ge jīhuì, xièxie.

표현 Tip

▶ **중국어로 어떻게 자기소개를 할까요?**

중국어로 자기소개를 할 때는 간단한 신상 정보, 그리고 자신이 할 수 있는 외국어, 혹은 보유한 자격증을 설명한 뒤 자신의 장점을 성격과 연결지어 답변하는 것이 좋습니다. 그리고 간단한 감사의 인사로 마무리 한다면 더욱 좋겠죠?

실력이 쑥쑥! 문법

01 좀 ~해보다 동사 + 一下

양사 '一下'는 '좀 ~해보다'라는 뜻으로, 동사 뒤에 쓰여 어떤 동작이 가볍게 행해지거나 '시험 삼아 해보다'라는 의미를 나타냅니다.

- 等一下，他马上来。 조금만 기다리세요, 그 사람 곧 올 거예요.
  Děng yíxià, tā mǎshàng lái.

- 这是我做的菜，你尝一下。 이거 제가 만든 음식이에요, 맛 좀 보세요.
  Zhè shì wǒ zuò de cài, nǐ cháng yíxià.

02 ~에서 전치사 在

전치사 '在'는 '~에서'라는 뜻으로 장소를 나타냅니다. 이 때, 위치는 '在 + 장소' 형식으로 구(句)를 만든 뒤 술어 앞에 놓입니다.

- 我们在哪儿买票？ 우리는 어디에서 표를 사나요?
  Wǒmen zài nǎr mǎi piào?

- 我要在家休息，你呢？ 저는 집에서 쉴 거예요, 당신은요?
  Wǒ yào zài jiā xiūxi, nǐ ne?

또한, '在'는 전치사 이외에도 다양한 품사로 활용이 가능합니다.

❶ 동사로는 '~에 있다'라는 의미로, 뒤에는 장소명사가 옵니다.

- 她在学校。 그녀는 학교에 있어요.
  Tā zài xuéxiào.

- 书店在哪儿？ 서점은 어디에 있나요?
  Shūdiàn zài nǎr?

★ 동사 '在' ▶ 1권 10과 참고

❷ 부사로는 '~하고 있는 중이다'라는 의미로, 동사 앞에 쓰입니다.

- 爸爸在看报纸。 아빠는 신문을 보고 계세요.
  Bàba zài kàn bàozhǐ.

- 哥哥在弹钢琴。 오빠는 피아노를 치고 있어요.
  Gēge zài tán gāngqín.

★ 부사 '在' ▶ 3과 참고

단어 马上 mǎshàng 부 금방, 곧 | 报纸 bàozhǐ 명 신문 | 弹钢琴 tán gāngqín 동 피아노 치다

03   ~할 줄 알다   조동사 会

조동사 '会'는 동사 앞에 쓰여 '(배워서) 무언가를 할 줄 안다'는 의미를 나타내기 때문에 뒤에 대부분 외국어, 스포츠와 관련된 내용이 옵니다.

- 你会开车吗?   당신은 운전할 수 있나요?
  Nǐ huì kāichē ma?

- 你会游泳吗?   당신은 수영할 줄 아나요?
  Nǐ huì yóuyǒng ma?

04   동사구 목적어

문장에서 동사가 술어 역할을 하는 문장을 '동사 술어문'이라고 합니다. 동사 뒤에는 일반적으로 목적어가 오는데, 대부분의 동사는 명사나 대명사를 목적어로 가지지만 일부 동사는 동사나 형용사, 동사구를 목적어로 가집니다.

- 我喜欢吃苹果。   저는 사과 먹는 것을 좋아해요.
  Wǒ xǐhuan chī píngguǒ.

- 我决定去北京留学。   저는 베이징에 가서 유학하기로 결정했어요.
  Wǒ juédìng qù Běijīng liúxué.

- 我觉得学汉语很有意思。   저는 중국어를 배우는 것이 재미있다고 생각해요.
  Wǒ juéde xué Hànyǔ hěn yǒuyìsi.

Tip) 동사나 형용사, 동사구를 목적어로 가지는 동사들은 다음과 같습니다.

决定 juédìng 결정하다	开始 kāishǐ 시작하다	发现 fāxiàn 발견하다
欢迎 huānyíng 환영하다	觉得 juéde 생각하다	认为 rènwéi 생각하다
爱 ài 좋아하다	喜欢 xǐhuan 좋아하다	希望 xīwàng 희망하다
愿意 yuànyì 희망하다	要求 yāoqiú 요구하다	知道 zhīdào 알다
准备 zhǔnbèi 준비하다	打算 dǎsuàn 계획하다	同意 tóngyì 동의하다

단어   开车 kāi chē 동 운전하다 | 游泳 yóuyǒng 동 수영하다

중국어 UP! 표현 더하기 +

🎧 02-4

>> 새로운 단어들을 이용해 앞에서 배운 표현을 연습해봅시다.

간단한 중국어 자기소개

❶ 大家好，我叫朴信爱，今年二十三岁，学习汉语专业。
Dàjiā hǎo, wǒ jiào Piáo Xìn'ài, jīnnián èrshísān suì, xuéxí Hànyǔ zhuānyè.
안녕하세요? 저는 박신애라고 하며 올해 23살, 중국어 전공입니다.

❷ 我会说汉语、英语和简单的日语。
Wǒ huì shuō Hànyǔ, Yīngyǔ hé jiǎndān de Rìyǔ.
저는 중국어와 영어, 간단한 일본어를 할 수 있습니다.

❸ 我在大学生活中，学了很多东西，
Wǒ zài dàxué shēnghuó zhōng, xuéle hěn duō dōngxi,
而且有丰富的打工经验。
érqiě yǒu fēngfù de dǎgōng jīngyàn.
저는 대학 생활에서 많은 것을 배웠으며, 게다가 풍부한 아르바이트 경험이 있습니다.

❹ 我认为我是一个做事认真、积极的人。
Wǒ rènwéi wǒ shì yí ge zuòshì rènzhēn, jījí de rén.
저는 제가 일을 열심히 하고, 적극적으로 하는 사람이라고 생각합니다.

❺ 谢谢。 Xièxie. 감사합니다.

단어 而且 érqiě 접 게다가, 뿐만 아니라 | 认为 rènwéi 동 여기다, 생각하다 | 积极 jījí 형 적극적이다

중국어 UP! 단어 더하기 +

1. 사람 성격 관련 단어

热情 rèqíng	爱笑 àixiào	细心 xìxīn
친절하다, 열정적이다	잘 웃는다	세심하다

积极 jījí	消极 xiāojí	善良 shànliáng
적극적이다	소극적이다	착하다

很有自信心 hěn yǒu zìxìnxīn	能干 nénggàn	挑剔 tiāoti
자신감 있다	일을 잘한다	까다롭다

自私 zìsī	谨慎 jǐnshèn	可靠 kěkào
이기적이다	신중하다	믿을 만하다

2. 구직, 채용 관련 단어

求职 qiúzhí	招聘 zhāopìn	录用 lùyòng
구직하다	채용 모집하다	채용하다

应聘 yìngpìn	笔试 bǐshì	面试 miànshì
지원하다	필기시험	면접

毕业 bìyè	人才 réncái	本科 běnkē
졸업하다	인재	학부

投简历 tóu jiǎnlì	工作经验 gōngzuò jīngyàn	就业难 jiùyènán
이력서를 넣다	업무 경험	취업난

마무리 쓱쓱! 연습문제

1. 다음 그림에 해당하는 단어를 넣어 대화를 완성해보세요.

①

A 你现在在哪儿读书?
　Nǐ xiànzài zài nǎr dúshū?

B _____。
　_____.

②

A 你会说外语吗?
　Nǐ huì shuō wàiyǔ ma?

B _____。
　_____.

③

A 你的优点是什么?
　Nǐ de yōudiǎn shì shénme?

B _____。
　_____.

④

A 请自我介绍一下。
　Qǐng zìwǒ jièshào yíxià.

B _____。
　_____.

2. 중국어 문장은 한국어로 번역하고, 한국어 문장은 중국어로 번역해보세요.

① 我会说汉语、英语和简单的日语。

→ _____

② 我有丰富的实习经验。

→ _____

③ 저의 전공은 비즈니스 중국어입니다.

→ _____

④ 앞으로 우리 자주 만나요.

→ _____

입에 착착! 발음연습 🎧 02-6

>> 앞에서 배운 내용을 응용해서 빈칸을 채워 넣고 발음해보세요.

大家好，我叫_____，今年_____岁，学习_____专业。
Dàjiā hǎo, wǒ jiào _____, jīnnián _____ suì,
xuéxí _____ zhuānyè.

我会说___语和___语。
Wǒ huì shuō _____yǔ hé _____yǔ.

我认为我是一个_____、_____的人。
Wǒ rènwéi wǒ shì yí ge _____、_____ de rén.

我希望大家给我这个机会，谢谢。
Wǒ xīwàng dàjiā gěi wǒ zhè ge jīhuì, xièxie.

퀴즈 퀴즈~ 중국 문화 어렵지 않아요!

1. 인터넷의 발전에 따라 중국에서도 우리나라 '카카오톡'과 같은 필수 어플리케이션들이 많이 등장했습니다. 우리나라 '카카오톡'에 해당하는 '위챗(微信 Wēixìn)', 자전거 공유 어플 'ofo(共享单车 Gòngxiǎng Dānchē)', 배달 어플 '메이투안(美团 Měituán)', 지식공유 어플 '펀다(分答 Fēndá)' 등이 있습니다. 그렇다면 우리나라 '카카오 택시'에 해당하는 중국 어플은 무엇일까요? 요즘 중국 길거리에서 택시가 잘 안 잡히는데 그 이유가 바로 이 어플 때문이래요!

① 去哪儿旅行 (Qù nǎr lǚxíng)　　② 爱奇艺 (Àiqíyì)　　③ 滴滴出行 (Dīdīchūxíng)

2. 중국도 우리나라만큼 취업난이 심하답니다. 우리나라에도 '삼포세대'라는 말이 생겨났듯이 중국도 이런 갑갑한 상황을 한자 '裸(luǒ 발가벗다)'에 빗대어 많은 신조어들이 생겨났습니다. 졸업은 했지만 별다른 자격증이 없는 것을 '裸毕 luǒbì', 집, 차, 예식 심지어 반지조차도 없이 혼인신고만 하는 결혼인 '裸婚 luǒhūn', 취업에 실패할까 봐 무작정 대학원 석사 과정에 지원하는 것을 '裸报 luǒbào'라고 합니다. 그렇다면 아무것도 가진 것 없는 사람끼리 모여서 창업하는 것을 의미하는 말은 무엇일까요?

① 高富帅 (gāofùshuài)　　② 裸创 (luǒchuàng)　　③ 屌丝 (diǎosī)

 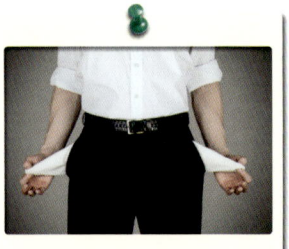 

 '滴滴出行(Dīdīchūxíng)'은 '중국판 우버(Uber)' 혹은 '중국판 카카오 택시'라고 불리는 차량 공유 어플입니다. 원래 '滴滴出行'이 '우버'를 벤치마케팅 했으나 예약, 호출 가능, 요금할인 가능, 위챗페이나 미리 연결해둔 계좌에서 요금이 자동 이체된다는 장점을 내세워 3년 만에 '우버'를 중국에서 몰아내고, 합병하여 기업가치 350억 달러의 공룡기업이 되었습니다. '滴滴出行'은 택시 운영의 효율성을 높이고 도심 차량정체 해소에도 기여한 것으로 평가받고 있다고 합니다.

배달 어플인 '메이투안(美团)'은 소셜 커머스 어플이며 쇼핑뿐만 아니라 음식 배달도 가능합니다. 자전거 공유 어플 'ofo'는 저렴한 요금 때문에 급성장하였으나 최근 자전거 방치 문제도 함께 대두되고 있습니다. 지식 공유 어플 '펀다(分答)'는 대학생들 사이에서 모든 물건, 심지어 농구공까지 공유할 수 있는 어플입니다. 이 공유 어플의 등장으로 중국은 '사회주의', '중국식 자본주의 시장경제'에서 세 번째 변신인 '공유경제'의 물결이 일고 있다고 합니다. ①번의 '去哪儿旅行(Qù nǎr lǚxíng)'은 이름에서도 알 수 있듯이 여행 관련 어플이며, ②번의 爱奇艺(Àiqíyì)는 드라마와 영화를 볼 수 있는 어플입니다.

▶ 정답 ③

 한자 '裸(luǒ)'는 원래 '발가벗다'라는 뜻이지만 그 의미가 확산되어, '아무것도 없다'는 뜻이 되었습니다. 이후 점점 '금전, 능력, 명예 등이 아무것도 없다'라는 의미로 발전하여 많은 신조어들이 생겨났습니다. 아무것도 가진 것이 없는 사람끼리 모여서 창업하는 말은 바로 ②번 '裸创(luǒchuàng)'으로 '裸(luǒ)'에 창업을 나타내는 한자 '创业(chuàngyè)'가 더해져 만들어진 말입니다.

①번의 '高富帅(gāofùshuài)'는 '키 크고 돈 많고 잘생긴 남자'를 일컫는 말로 우리말의 '엄친아'에 해당하며 여자는 '白富美(báifùměi)'라고 합니다. ③번의 '屌丝(diǎosī)'는 돈도 없고 외모도 별로인데다 집안도 좋지 않으며 미래마저도 밝지 않은 사람을 나타내는 말입니다.

▶ 정답 ②

Unit 03

你在干什么呢?

Nǐ zài gàn shénme ne?

당신은 무엇을 하고 있나요?

Intro.

약속을 정할 때는 어떤 표현들을 사용할까요? 또한, 동작이 진행 중이거나 상태가 지속되고 있는 경우에는 어떻게 묘사할까요? 이번 과에서는 약속을 정할 때 자주 쓰는 표현과 동사의 상태를 나타내는 다양한 방법에 대해 배워보도록 합니다.

약속 관련 단어

商店 shāngdiàn 명 상점 | 干 gàn 동 하다 | 附近 fùjìn 명 부근, 근처 | 门口 ménkǒu 명 입구

동작 관련 단어

在 zài 부 ~하고 있는 중이다 | 着 zhe 조 ~한 채로 [동작이나 상태의 진행, 지속]

머리에 쏙쏙! 새 단어

🎧 03-1

在	zài	부 ~하고 있는 중이다
干	gàn	동 하다
玩	wán	동 놀다, 장난하다
手机	shǒujī	명 휴대전화
逛街	guàngjiē	동 쇼핑하다
明洞	Míngdòng	지 명동 [한국의 수도인 서울의 한 지역명]
商店	shāngdiàn	명 상점
打折	dǎzhé	동 할인하다

件	jiàn	양 벌 [옷을 세는 단위]
衣服	yīfu	명 옷
饿	è	형 배고프다
要不	yàobù	접 그렇지 않으면, 안 그러면
附近	fùjìn	명 부근, 근처
家	jiā	양 집, 채 [점포 등을 세는 단위]
意大利	Yìdàlì	지 이탈리아
餐厅	cāntīng	명 식당
门口	ménkǒu	명 입구
排队	pái duì	동 줄을 서다
着	zhe	조 ~한 채로 [동작이나 상태의 진행, 지속]
看来	kànlái	동 보아하니 ~하다
人气	rénqì	명 인기

입에서 술술! 회화 1

친구와 약속 잡기

A 你在干什么呢?
Nǐ zài gàn shénme ne?

B 我在家玩手机呢,怎么了?
Wǒ zài jiā wán shǒujī ne, zěnmele?

A 那你出来跟我一起逛街吧。
Nà nǐ chūlái gēn wǒ yìqǐ guàngjiē ba.

B 你要去哪儿?
Nǐ yào qù nǎr?

A 我们去明洞吧,很多商店都在打折。
Wǒmen qù Míngdòng ba, hěn duō shāngdiàn dōu zài dǎzhé.

B 好啊,那我们一点在明洞见吧。
Hǎo a, nà wǒmen yī diǎn zài Míngdòng jiàn ba.

표현 Tip

1 '干'은 동사로 '하다'라는 뜻이에요!

'干'은 동사로 '하다'라는 뜻으로 '做'와 같은 의미를 나타냅니다. 상대방에게 '뭐 하고 있어?'라고 물을 때 '你在干什么呢?'라고 하지만 줄여서 '你在干吗?'라고 이야기하는 경우가 더 많습니다.

2 '逛街'는 원래 '거리를 거닐다'라는 뜻이에요!

'逛街'는 원래 '돌아다니다'라는 의미를 가지고 있는 동사 '逛'과 '거리'라는 뜻의 명사 '街'가 합쳐져서 '거리를 거닐다'라는 뜻입니다. 하지만 점차 '아이쇼핑하다', '쇼핑하다'라는 의미가 되었고, '逛'만 사용해도 '구경하다, 쇼핑하다'라는 뜻을 나타냅니다.

입에서 술술! 회화 2 🎧 03-3

쇼핑·식사 관련 대화하기

B 你想买什么?
Nǐ xiǎng mǎi shénme?

A 我想买几件衣服。你现在饿吗?
Wǒ xiǎng mǎi jǐ jiàn yīfu. Nǐ xiànzài è ma?

B 有点儿饿,要不我们先吃饭再逛吧。
Yǒu diǎnr è, yàobù wǒmen xiān chīfàn zài guàng ba.

A 附近有一家意大利餐厅,我们去那儿吃吧。
Fùjìn yǒu yì jiā Yìdàlì cāntīng, wǒmen qù nàr chī ba.

B 你看,餐厅门口排着很长的队。
Nǐ kàn, cāntīng ménkǒu páizhe hěn cháng de duì.

A 看来那家餐厅很有人气。
Kànlái nà jiā cāntīng hěn yǒu rénqì.

표현 Tip

▶ **동사와 목적어로 이루어진 이합동사!**

'排队 pái duì'라는 단어는 '줄을 서다'라는 뜻의 '排'와 '무리'라는 뜻의 '队'로 이루어져 있는 이합동사입니다. 이렇듯 이합동사는 단어 자체가 '동사(술어) + 명사(목적어)' 구조이기 때문에 뒤에 다른 목적어를 다시 쓸 수 없습니다. 또한, 동사와 목적어가 분리되어 그 사이에 다른 문장 성분이 들어갈 수도 있습니다. 대표적인 이합동사로는 毕业(bì yè 졸업하다), 见面(jiàn miàn 만나다), 生气(shēng qì 화 내다) 등이 있습니다.

실력이 쑥쑥! 문법

01 ~하고 있는 중이다   동작의 진행 부사 在

부사 '在'는 2과에서 배운 것처럼 주어 뒤, 동사 앞에 쓰여 '~하고 있는 중이다'라는 의미를 나타냅니다. 진행의 어감을 강조하기 위해 문장 마지막에 어기조사 '呢'를 쓰기도 합니다. 형식은 '주어 + 在 + 술어 + 呢'입니다.

- 他在打工呢。 그는 아르바이트를 하고 있는 중이에요.
  Tā zài dǎgōng ne.
- 她最近在找工作呢。 그녀는 요즘 일을 구하고 있는 중이에요.
  Tā zuìjìn zài zhǎo gōngzuò ne.

'在' 대신에 부사 '正在'를 쓰기도 하는데, 이 경우에도 역시 동작의 진행을 나타냅니다. 형식은 '주어 + (正)在 + 술어 + 呢'입니다.

- 我(正)在看新闻呢。 저는 뉴스를 보고 있어요.
  Wǒ (zhèng)zài kàn xīnwén ne.
- 她(正)在喝茶呢。 그녀는 차를 마시고 있는 중이에요.
  Tā (zhèng)zài hē chá ne.

동작의 진행을 나타냄에 있어 '~에서'의 의미를 나타내는 전치사 '在'와 같이 사용할 경우 '在'는 한 번만 사용하며 이때 '在'는 전치사의 의미를 나타냅니다. 이런 경우, 진행의 의미를 나타내기 위해 문장 마지막에 어기조사 '呢'를 사용하기도 합니다. 형식은 '주어 + 在 + 명사 + 술어 + (목적어) + 呢'입니다.

- 她在咖啡厅喝咖啡呢。 그녀는 커피숍에서 커피를 마시고 있어요.
  Tā zài kāfēitīng hē kāfēi ne.
- 我在地铁站门口等你呢。 제가 지하철역 입구에서 당신을 기다리고 있어요.
  Wǒ zài dìtiězhàn ménkǒu děng nǐ ne.

단어 打工 dǎgōng 동 아르바이트하다 | 新闻 xīnwén 명 뉴스 | 咖啡厅 kāfēitīng 명 카페 | 地铁站 dìtiězhàn 명 지하철역 | 门口 ménkǒu 명 입구

02 (장소·시간)에 ~이 있다 존현문

존현문이란 사람이나 사물의 존재, 출현, 소실을 나타내는 문장으로 '(장소·시간)에 ~이 있다'라는 뜻으로 쓰이며 형식은 '장소·시간 + 동사 + 목적어'입니다. 목적어 자리에는 사람과 사물이 모두 올 수 있습니다.

- 桌子上有一杯咖啡。 탁자 위에 커피 한 잔이 있어요.
  Zhuōzi shang yǒu yì bēi kāfēi.
- 昨天来了一个人。 어제 한 사람이 왔어요.
  Zuótiān láile yí ge rén.

이때 술어는 사람이나 사물의 상태, 동작의 출현, 소실을 나타내는 동사들이 사용됩니다. 또한 상태의 지속을 강조하기 위해 동사 뒤에 동태조사 '着'를 쓰는 경우가 많습니다.

- 教室里坐着一个人。 교실에 한 명이 앉아 있어요.
  Jiàoshì li zuòzhe yí ge rén.
- 桌子上放着几本书。 탁자 위에 책이 몇 권 놓여 있어요.
  Zhuōzi shang fàngzhe jǐ běn shū.

존현문에서 목적어는 불특정 목적어를 사용해야 합니다.

- 附近有一家银行。 근처에 은행이 하나 있어요.
  Fùjìn yǒu yì jiā yínháng.
- 桌子上放着一台电脑。 책상 위에 컴퓨터 한 대가 놓여 있어요.
  Zhuōzi shang fàngzhe yì tái diànnǎo.

03 먼저 ~하고 그 다음에 ~하다 접속사 先……再……

접속사 '先……再……'는 '먼저 ~하고 그 다음에 ~하다'라는 의미로 동작의 선후관계를 나타냅니다.

- 我们先吃饭再去看电影吧。 우리 먼저 밥 먹고 나서 영화 보러 가요.
  Wǒmen xiān chīfàn zài qù kàn diànyǐng ba.
- 我先做完作业再跟你联系。 나 먼저 과제 다하고 다시 너에게 연락할게.
  Wǒ xiān zuòwán zuòyè zài gēn nǐ liánxì.

단어 昨天 zuótiān 명 어제 | 银行 yínháng 명 은행 | 台 tái 양 대 [기계·차량 등 큰 물건을 세는 단위] | 电脑 diànnǎo 명 컴퓨터 | 电影 diànyǐng 명 영화 | 作业 zuòyè 명 과제 | 联系 liánxì 동 연락하다

중국어 UP! 표현 더하기 +

🎧 03-4

>> 새로운 단어들을 이용해 앞에서 배운 표현을 연습해봅시다.

약속을 정할 때는 이렇게!

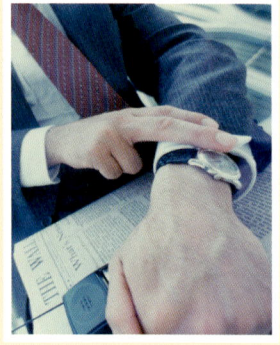  

❶ 你几点有空? 몇 시에 시간이 되나요?
Nǐ jǐ diǎn yǒu kòng?

❷ 你明天有约吗? 내일 약속 있어요?
Nǐ míngtiān yǒu yuē ma?

❸ 在哪儿见好呢? 어디서 만나는 게 좋을까요?
Zài nǎr jiàn hǎo ne?

❹ 我们老地方见吧。 늘 만나던 곳에서 봐요.
Wǒmen lǎodìfang jiàn ba.

❺ 不见不散! 올 때까지 기다릴게요!
Bújiàn búsàn!

단어

有空 yǒukòng 틈이 나다 | 老地方 lǎodìfang 늘 만나던 장소 | 不见不散 bújiàn búsàn 만날 때까지 기다리다

중국어 UP! 단어 더하기 +

🎧 03-5

1. 음식 명칭

泡菜 pàocài	烤肉 kǎoròu	拌饭 bànfàn
김치	불고기	비빔밥

点心 diǎnxīn	火锅 huǒguō	麻辣烫 málàtàng
디엔신(딤섬)	훠궈	마라탕

披萨 pīsà	咖喱 gālí	牛排 niúpái
피자	카레	스테이크

寿司 shòusī	蛋挞 dàntà	越南河粉 Yuènán héfěn
초밥	에그타르트	베트남 쌀국수

2. 음료 명칭

可乐 kělè	雪碧 xuěbì	茶 chá
콜라	사이다(스프라이트)	차

果汁 guǒzhī	奶茶 nǎichá	维他命水 wéitāmìngshuǐ
과일주스	밀크티	비타민워터

美式咖啡 měishì kāfēi	拿铁咖啡 nátiě kāfēi	摩卡咖啡 mókǎ kāfēi
아메리카노	카페라떼	카페모카

奶昔 nǎixī	酸奶 suānnǎi	牛奶 niúnǎi
밀크쉐이크	쑨나이(중국식 요거트)	우유

Unit 03. 你在干什么呢? 41

마무리 쓱쓱! 연습문제

1. 다음 그림에 해당하는 단어를 넣어 대화를 완성해보세요.

① A 你在干什么呢?
　　Nǐ zài gàn shénme ne?

　B _____。
　　_____.

② A 你想买什么?
　　Nǐ xiǎng mǎi shénme?

　B _____。
　　_____.

③ A 你现在饿吗?
　　Nǐ xiànzài è ma?

　B _____。
　　_____.

④ A 你要去哪儿?
　　Nǐ yào qù nǎr?

　B _____。
　　_____.

2. 중국어 문장은 한국어로 번역하고, 한국어 문장은 중국어로 번역해보세요.

① 你出来跟我一起逛街吧。

→ _____

② 我们一点在明洞见吧。

→ _____

③ 근처에 이탈리아 레스토랑이 하나 있어요.

→ _____

④ 식당 입구에 줄이 길게 늘어서 있어요.

→ _____

입에 착착! 발음연습 🎧 03-6

>> 잰말놀이(绕口令: ràokǒulìng)를 따라 하면서 발음을 연습해보세요.

七加一，再减一，　　7더하기 1, 다시 1을 빼고,
Qī jiā yī, zài jiǎn yī,

加完减完等于几？　　더하고 빼고 나면 몇이게?
jiāwán jiǎnwán děngyú jǐ?

七加一，再减一，　　7더하기 1, 다시 1을 빼고,
Qī jiā yī, zài jiǎn yī,

加完减完还是七。　　더하고 빼고 나면 여전히 7이지.
jiāwán jiǎnwán háishi qī.

퀴즈 퀴즈~ 중국 문화 어렵지 않아요!

1 '중국의 대표적인 음료'라고 한다면 대부분의 많은 사람들은 '차(茶)'를 떠올릴 텐데요, 중국인들의 차 문화는 4천여 년의 역사를 가지고 있으며 어느 곳에 가더라도 언제든지 차를 마실 수 있도록 끓인 물이 준비되어 있답니다. 수많은 차 종류가 있지만 북쪽에서는 화차(재스민 차), 남쪽에서는 녹차나 홍차를 많이 마신다고 합니다. 차의 종류는 형태와 발효도, 제조 공정, 색상 등에 따라서 다양한데요, 그렇다면 많은 차 중에서 중국 윈난성(云南省 Yúnnánshěng) 남부 지역의 소수민족들이 마시던 차로, 발효 흑차의 한 종류이며 다이어트에 도움이 된다고 알려진 '보이차'는 중국어로 뭐라고 할까요?

① 茉莉花茶 (mòlìhuāchá)　② 普洱茶 (pǔ'ěrchá)　③ 乌龙茶 (wūlóngchá)

2 비즈니스에서 빼놓을 수 없는 것이 바로 술이죠. 중국에는 어떤 술 문화가 있을까요? 중국에서는 첨잔이 예의라고 생각하여 잔에 술이 조금 남아 있어도 잔을 다시 채워줍니다. 그리고 상대방이 술을 따라줬을 때는 고맙다는 의미로 테이블을 살짝 두드려줍니다. 비즈니스 석상이나 윗사람과 술을 마실 때 우리나라는 몸을 돌려서 마시지만 중국은 몸을 돌리거나 고개를 돌려 시선을 회피하면 '당신이 불편하다'는 의미로 전달될 수 있어 상대방의 눈을 보며 함께 술을 마셔야 합니다. 또한 우리나라에 '건배'라는 말이 있듯이 중국에도 '건배'라는 말이 있습니다. 그렇다면 여기서 퀴즈! 중국어로 '건배'는 무엇이라고 할까요?

① 随意 (suíyì)　② 满上满上 (mǎn shàng mǎn shàng)　③ 干杯 (gānbēi)

? 중국의 차는 먼저 형태에 따라 '잎 차(散茶 sànchá)', '가루 차(抹茶 mǒchá)', '진아차(紧压茶 jǐnyāchá, 찻잎을 시루에 찐 다음 절구에 넣어 찧은 후 틀에 넣어 딱딱하게 만든 차)'로 나뉘며 차의 발효 정도에 따라 '녹차(绿茶 lǜchá)', '백차(白茶 báichá)', '청차(青茶 qīngchá)', '홍차(红茶 hóngchá)'로 나뉩니다. 차에 들어 있는 '타닌'이라는 성분은 소화작용을 도와 몸의 분비작용을 활발하게 해준다고 합니다. 또한 차는 갈증을 없애주고 숙취해소 기능과 정신을 맑게 해주는 기능도 있다고 합니다. 최근 다이어트에 효능이 있다고 하여 유명해진 '보이차'는 중국어로 '普洱茶(pǔ'ěrchá)'라고 하며 '보이'라는 지방에서 자라는 차라서 '보이차'라고 합니다.

①번의 '茉莉花茶(mòlìhuāchá)'는 '재스민 차'를 뜻하며 스트레스 해소, 다이어트, 수족냉증에 도움이 된다고 합니다. ③번의 乌龙茶(wūlóngchá)는 우리가 잘 아는 '우롱차'로 피부미용, 다이어트, 몸의 혈액순환 개선에 도움이 되지만 공복에는 마시지 않는 것이 좋고, 많이 마시면 빈혈을 유발할 수 있으니 주의하는 것이 좋다고 하네요.

▶ 정답 ②

? '건배'는 중국어로 ③번 '干杯(gānbēi)'라고 합니다. 우리말과 발음이 비슷하지요? 다만 중국어의 '건배'는 '원샷'의 의미가 포함되어 있기 때문에 함부로 외쳐서는 안 됩니다. '干'이 '비우다', '杯'가 '잔, 컵'이라는 의미이기 때문이죠. 이 말과 더불어 '원샷'의 의미를 나타내는 말로 '见底(jiàn dǐ)'가 있습니다. 한자 그대로 '바닥까지 보자'는 뜻이지요. 중국은 우리나라보다 비즈니스 술자리 문화가 비교적 자유롭기 때문에 혼자서 마시는 경우가 많습니다. 또한 술을 남에게 억지로 권하지 않기 때문에 ①번 '随意(suíyì 편할대로, 마음대로)'라고 많이 외쳐줍니다. '혼자서 자작하다'라는 말은 '自满(zìmǎn)'이라고 하는데, '스스로 채우다'라는 의미를 나타냅니다. 그래서 가끔 술을 먹다 보면 상대방이 '자작하지 마'라는 의미인 '别自满(bié zìmǎn)'이라고 말하기도 합니다. ②번의 '满上满上(mǎn shàng mǎn shàng)'은 '술잔을 가득 채우세요'라는 뜻이지만 실제로는 가득 채우는 것이 아닌 80% 정도만 채우면 됩니다.

▶ 정답 ③

Unit 04

周末你做什么了?

Zhōumò nǐ zuò shénme le?

주말에 당신은 뭘 했나요?

Intro.

하루 일과는 어떻게 이야기할까요? 동작의 완료와 변화는 어떻게 나타낼까요? 이번 과에서는 하루의 일과와 여과활동에 대해 이야기해보고, 동작의 완료와 변화를 나타내는 동태조사 '了'와 어기조사 '了'에 대해 배워보도록 합니다.

하루 일과 단어

周末 zhōumò 명 주말 | 睡觉 shuìjiào 동 자다

동작 완료 및 변화 관련 단어

了 le 조 ~했다 [완료를 나타냄] | 了 le 조 ~로 되었다 [변화를 나타냄]

머리에 쏙쏙! 새 단어  04-1

회화 1

周末	zhōumò	명	주말
了	le	조	~했다 [완료를 나타냄]
睡觉	shuìjiào	동	자다
份	fèn	양	인분 [사람의 수를 기준으로 분량을 세는 단위]
意大利面	Yìdàlìmiàn	명	스파게티, 파스타
盘	pán	양	판 [평평한 물건을 세는 단위]
披萨	pīsà	명	피자 [Pizza]
下次	xià cì	명	다음 번

회화 2

还	hái	부	아직도, 여전히
没	méi	부	~않다
生病	shēngbìng	동	병이 나다
了	le	조	~했다 [변화를 나타냄]
听说	tīngshuō	동	듣자 하니, 듣건대
坏	huài	형	나쁘다, 상하다
食物中毒	shíwù zhòngdú	명	식중독
住院	zhùyuàn	동	입원하다
真的	zhēnde	부	참으로, 정말로

입에서 술술! 회화 1 🎧 04-2

주말에 한 일 물어보기

A 周末你做什么了?
Zhōumò nǐ zuò shénme le?

B 我一直在家里睡觉了,你呢?
Wǒ yìzhí zài jiā li shuìjiào le, nǐ ne?

A 我跟信爱一起去逛街了,还去了意大利餐厅。
Wǒ gēn Xìn'ài yìqǐ qù guàngjiē le, hái qùle Yìdàlì cāntīng.

B 吃什么了?
Chī shénme le?

A 吃了一份意大利面和一盘披萨。
Chīle yí fèn Yìdàlìmiàn hé yì pán pīsà.

B 下次我也跟你们一起去。
Xià cì wǒ yě gēn nǐmen yìqǐ qù.

표현 Tip

▶ '披萨'는 외래어!

'披萨'는 외래어 'Pizza'의 발음을 가지고 비슷한 발음의 한자를 조합해 만든 단어입니다. 따라서 '피자'를 나타내는 단어는 '披萨' 외에 '比萨(bǐsà)', '比萨饼(bǐsàbǐng)', '匹萨(pǐsà)' 등으로 다양합니다.

입에서 술술! 회화 2

🎧 04-3

 아픈 친구 병문안 가기

A 现在几点了?
Xiànzài jǐ diǎn le?

B 9点了, 怎么了?
Jiǔ diǎn le, zěnmele?

A 丽丽怎么还没来?
Lìli zěnme hái méi lái?

B 你不知道吗? 她生病了。
Nǐ bù zhīdào ma? Tā shēngbìng le.

听说她吃坏东西食物中毒了。现在住院了。
Tīngshuō tā chī huài dōngxi shíwù zhòngdú le. Xiànzài zhùyuàn le.

A 真的吗? 我要去看看她。
Zhēnde ma? Wǒ yào qù kànkan tā.

B 我昨天去看她了, 你也去看看吧。
Wǒ zuótiān qù kàn tā le, nǐ yě qù kànkan ba.

표현 Tip

▶ '病'은 아프다?

'病'은 '병이 나다'라는 뜻으로 '生病了(shēngbìng le)' 혹은 '病了(bìng le)' 등으로 쓰입니다. 하지만 '머리가 아프다', '목이 아프다'라고 말할 때에는 '疼(téng)'이라고 합니다. 용법이 다르니 주의하세요.

실력이 쑥쑥! 문법

01 동작의 완료 동태조사 了

동태조사란 '동작의 상태 표현을 도와주는 단어'라는 뜻으로 그 중 '了'는 동사 뒤에 쓰여 동작의 완료를 나타냅니다. 이때 뒤에 오는 목적어는 단순한 목적어가 아닌 '수식어 + 명사'로 된 구체적인 목적어를 사용합니다.

- 我昨天买了一本杂志。 저는 어제 잡지 한 권을 샀어요.
  Wǒ zuótiān mǎile yì běn zázhì.

- 我早上吃了妈妈做的菜。 저는 아침에 엄마가 해주신 음식을 먹었어요.
  Wǒ zǎoshang chīle māma zuò de cài.

Tip) 수식어 없이 단순한 목적어가 올 경우 '了'는 문장 맨 마지막에 씁니다.
  · 我买杂志了。 Wǒ mǎi zázhì le. 저는 잡지를 샀어요.

'了'의 부정은 '没'를 사용하며 '~하지 않았다'라는 의미를 나타냅니다. 이때 '了'는 생략합니다.

- 我今天没吃早饭。 저는 오늘 아침밥을 먹지 않았어요.
  Wǒ jīntiān méi chī zǎofàn.

- 他今天没来上课。 그는 오늘 수업에 오지 않았어요.
  Tā jīntiān méi lái shàngkè.

동태조사 '了'가 있는 문장의 정반의문문은 '동사 + 목적어 + 了 + 没有' 혹은 '동사 + 没 + 동사 + 목적어'로 나타냅니다.

- 你到学校了没有? 당신은 학교에 도착했나요?
  Nǐ dào xuéxiào le méiyǒu?

- 他来没来上课? 그는 수업에 왔나요?
  Tā lái méi lái shàngkè?

'了'는 시제를 나타내는 것이 아니라 단순히 동작의 완료를 나타내기 때문에 과거뿐만 아니라 미래에도 모두 사용할 수 있습니다.

- 我下了课就去找你。 내가 수업 끝나고 너에게 갈게.
  Wǒ xiàle kè jiù qù zhǎo nǐ.

- 明天我们参观了博物馆就去美术馆。 내일 우리는 박물관에 견학갔다가 바로 미술관으로 갑니다.
  Míngtiān wǒmen cānguānle bówùguǎn jiù qù měishùguǎn.

단어 杂志 zázhì 명 잡지 | 参观 cānguān 동 참관하다 | 博物馆 bówùguǎn 명 박물관 | 美术馆 měishùguǎn 명 미술관

02 상황의 변화·동작의 발생 어기조사 了

어기조사란 문장 마지막에 쓰여 말하는 사람의 의도, 기분, 심정 등의 뉘앙스를 살리는 데 도움을 주는 단어입니다. 그중 어기조사 '了'는 상황의 변화나 동작의 발생 등을 나타내주는 역할을 합니다.

❶ 상황의 변화

- 天黑了。 날이 어두워졌어요.
  Tiān hēi le.

- 你瘦了。 너 살 빠졌다.
  Nǐ shòu le.

- 你变漂亮了。 너 예뻐졌네.
  Nǐ biàn piàoliang le.

❷ 동작의 발생 및 기타 뉘앙스 강조

- 春天要来了。 봄이 오려고 해요. [새로운 상태의 발생]
  Chūntiān yào lái le.

- 我该走了。 저는 가봐야겠어요. [마땅히 ~해야 함을 나타냄]
  Wǒ gāi zǒu le.

- 都十一点了，他怎么还没来？ 벌써 11시인데 그는 왜 아직 안 오는 거죠? [시간이 오래 되었음을 나타냄]
  Dōu shíyī diǎn le, tā zěnme hái méi lái?

03 듣자 하니 听说

'听说'는 문장 맨 앞에 쓰여 '듣자 하니, 들건대'라는 뜻을 나타내며 소식의 정확성은 그리 높지 않습니다.

- 听说昨天你过生日了？ 듣자 하니 어제 당신 생일이었다면서요?
  Tīngshuō zuótiān nǐ guò shēngrì le?

- 听说你有好消息。 듣자 하니 당신 좋은 소식 있다면서요.
  Tīngshuō nǐ yǒu hǎo xiāoxi.

단어 黑 hēi 형 검다, 어둡다 | 瘦 shòu 형 마르다 | 变 biàn 동 변화하다 | 漂亮 piàoliang 형 예쁘다 | 该 gāi 동 (마땅히) ~해야 한다 | 过 guò 동 (시점을) 보내다, 지내다 | 消息 xiāoxi 명 소식

중국어 UP! 표현 더하기 +

🎧 04-4

≫ 새로운 단어들을 이용해 앞에서 배운 표현을 연습해봅시다.

동태조사 '了' 와 어기조사 '了'

❶ 我买了两件衬衫。 저는 셔츠 두 벌을 샀어요.
Wǒ mǎile liǎng jiàn chènshān.

我要买衬衫了。 저는 셔츠를 사려고 해요.
Wǒ yào mǎi chènshān le.

❷ 他已经回国了。 그는 이미 귀국했어요.
Tā yǐjīng huíguó le.

他下个星期要回国了。 그는 다음 주에 귀국하려고 해요.
Tā xià ge xīngqī yào huíguó le.

❸ 昨天下雨了。 어제 비가 왔어요.
Zuótiān xiàyǔ le.

你看，外边下雨了！ 보세요, 밖에 비가 와요!
Nǐ kàn, wàibiān xiàyǔ le!

단어 衬衫 chènshān 명 셔츠 | 回国 huíguó 동 귀국하다 | 已经 yǐjīng 부 이미, 벌써 | 外边 wàibian 명 밖, 바깥

중국어 UP! 단어 더하기 ➕   🎧 04-5

1. 여가 활동 관련 단어

练瑜伽	看展览	游泳
liàn yújiā	kàn zhǎnlǎn	yóuyǒng
요가하다	전시회를 구경하다	수영하다

滑雪	弹钢琴	上网
huáxuě	tán gāngqín	shàngwǎng
스키 타다	피아노 치다	인터넷 하다

上社交网站	网上购物	拼图
shàng shèjiāowǎngzhàn	wǎngshàng gòuwù	pīntú
SNS 하다	인터넷 쇼핑	퍼즐 맞추기

种花	看漫画	休息
zhònghuā	kàn mànhuà	xiūxi
꽃을 심다	만화를 보다	휴식하다

2. 하루 일과 관련 단어

起床	洗澡	刷牙
qǐchuáng	xǐzǎo	shuāyá
기상하다	샤워하다	이를 닦다

上班	下班	上学
shàngbān	xiàbān	shàngxué
출근하다	퇴근하다	등교하다

下课	上补习班	见朋友
xiàkè	shàng bǔxíbān	jiàn péngyou
하교하다	학원 가다	친구를 만나다

打扫房间	洗衣服	睡觉
dǎsǎo fángjiān	xǐ yīfu	shuìjiào
방을 청소하다	옷을 세탁하다	잠자다

마무리 쓱쓱! 연습문제

1. 다음 그림에 해당하는 단어를 넣어 대화를 완성해보세요.

①

A 周末你做什么了?
　Zhōumò nǐ zuò shénme le?

B _____。
　_____.

②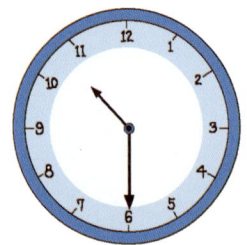

A 现在几点了?
　Xiànzài jǐ diǎn le?

B _____。
　_____.

③

A 周末你吃什么了?
　Zhōumò nǐ chī shénme le?

B _____。
　_____.

④

A 丽丽怎么还没来?
　Lìli zěnme hái méi lái?

B _____。
　_____.

2. 중국어 문장은 한국어로 번역하고, 한국어 문장은 중국어로 번역해보세요.

① 我跟信爱一起去逛街了。

→ _____

② 我们还去了意大利餐厅。

→ _____

③ 다음에 저도 당신들과 함께 갈래요.

→ _____

④ 듣자 하니 그녀가 병이 나서 병원에 입원했대요.

→ _____

입에 착착! 발음연습 🎧 04-6

>> 잰말놀이(绕口令: ràokǒulìng)를 따라 하면서 발음을 연습해보세요.

任命是任命，　　'임명하다'는 '임명하다'이고,
Rènmìng shì rènmìng,

人名是人名，　　'인명'은 '인명'이니,
rénmíng shì rénmíng,

任命不能说成人名，　　'임명하다'는 '인명'이라 이야기할 수 없고,
rènmìng bù néng shuōchéng rénmíng,

人名也不能说成任命。　　'인명'도 '임명하다'라고 이야기할 수 없다.
rénmíng yě bù néng shuōchéng rènmìng.

퀴즈 퀴즈~ 중국 문화 어렵지 않아요!

1 중국에는 유구한 역사와 문화를 자랑하는 기업들이 많습니다. 카오야(烤鸭 kǎoyā)로 유명한 베이징의 '全聚德 Quánjùdé', 중국 최대의 제약회사인 '同仁堂 Tóngréntáng', 바이주(白酒 báijiǔ)를 대표하는 '茅台酒 Máotáijiǔ' 등이 대표적입니다. 중국에서는 이처럼 100년 이상의 전통과 역사를 가진 브랜드를 칭하는 말이 있는데요, 역사가 길어야 하고 중국문화에 기여해야 하며, 대중적인 인지도 및 우수한 품질을 갖춰야 하는 이 브랜드를 무엇이라고 할까요?

① 老字号 (lǎozihào)　　② 品牌 (pǐnpái)　　③ 商标 (shāngbiāo)

2 우리나라에는 유명한 중국 기업들이 많습니다. 그 중에서도 '대륙의 실수'라고 불리는 '샤오미(小米 Xiǎomǐ)'가 최근 우리에게 가장 널리 알려진 기업인 것 같습니다. 샤오미는 젊은 사용자들을 중심으로 큰 지지를 얻어 2014년 스마트폰 시장 점유율 세계 3위를 기록했습니다. 샤오미는 관련 사업자를 통해서 판매하지 않고 자사 사이트에서의 온라인 판매만을 고집하며, '중국의 애플'이라 불리고 있습니다. 다양한 중국 기업들 중 샤오미 외에도 최근 '대륙의 두 번째 실수'라고 불리는 기업이 있는데요, 서울의 종로나 강남과 같은 번화가에 가면 볼 수 있는 이 기업의 이름은 무엇일까요? 힌트! 일본 기업 '다이소'와 비슷하게 생겼으며, 일본의 디자이너와 중국의 기업가가 만나 탄생한 생활용품 브랜드입니다.

① LENOVO (联想 Liánxiǎng)　　　　② 海尔 (Hǎi'ěr)
③ MINISO (名创优品 Míngchuàngyōupǐn)

영어로는 'time-honored', '시간이 그 가치를 증명한 기업'을 중국어로는 '老字号 lǎozìhào'라고 합니다. 중국 정부가 부여한 라오쯔하오는 1,000개의 브랜드가 있으며 술, 음식, 의약품, 의류 등의 분야에 다양한 업체들이 있습니다. 베이징의 유명한 카오야 음식점 '全聚德 Quánjùdé'는 청나라 말기인 1864년, 톈안먼 인근에 문을 열고 영업을 시작했습니다. 이 음식점은 중국에서 제일 유명한 베이징 오리요리 전문 음식점으로 성장하여 현재 50여 개의 지점을 보유하고 있다고 합니다. '同仁堂 Tóngréntáng'은 베이징 치엔먼(前门 Qiánmén)에 위치한 작은 약방이었지만 각 지방의 비방으로 전해지던 청심환을 처음으로 상업화하면서 '명약을 만드는 약방'으로 공인되었습니다. '제조가 복잡하다고 인력을 아끼지 않고, 재료가 비싸다 하여 재료를 아끼지 않는다'는 원칙을 가지고 운영되고 있으며 현재 전 세계 50여 개의 국가와 지역에서도 찾아볼 수 있습니다. 라오쯔하오 브랜드 중 단연 1위에 꼽히는 것은 바로 구이저우(贵州)의 '茅台酒 Máotáijiǔ'입니다. 바이주(白酒 báijiǔ)를 대표할 수 있는 마오타이주는 입안에 넣으면 술 향기가 가득 차며, 곧 부드럽고 섬세한 잔향을 느낄 수 있습니다. 또한, 알코올 도수가 높은 경우에도 자극적이지 않다고 합니다.

보기 ②번의 '品牌 pǐnpái'는 '브랜드, 상표'라는 뜻이며, ③번의 '商标 shāngbiāo'는 '상표'라는 뜻입니다.

▶ 정답 ①

정답은 바로 ③번, 미니소입니다. 2020년 전까지 세계에 무려 6,000개 매장을 열기 위해 준비하고 있다는 무서운 신예기업입니다. 미니소는 좋은 품질과 합리적인 가격을 내세워 2016년 기준 영업수입이 100억 위안에 달했다고 합니다. 미니소 상품의 가격은 10~20위안으로 저렴하며 생활용품, 디지털가전, 화장품, 문구류, 식음료 등 다양한 분야의 상품이 있습니다. 코트라(KOTRA)에서 '한국 기업이 미니소에 상품을 납품하는 것은 중국 시장에서 고정적으로 자리를 잡고 점유율을 높여갈 수 있는 방법이다'라고 했을 만큼 미니소는 현재 승승장구 하고 있습니다.

보기 ①번의 레노버(联想 Liánxiǎng)는 노트북 제조회사로 한국에서 비교적 저렴한 가격으로 구입할 수 있어 소비자가 증가하고 있는 기업이며, ②번의 '하이얼(海尔 Hǎi'ěr)'은 세계적으로 인지도가 있는 백색가전 브랜드로, 현재 가전제품 제조회사 중 세계 3위인 다국적 기업입니다.

▶ 정답 ③

Unit 05

你去过中国吗?

Nǐ qùguo Zhōngguó ma?
당신은 중국에 가본 적이 있나요?

Intro.

중국 여행을 가본 적이 있나요? 중국에는 어떤 여행지들이 있을까요? 이번 과에서는 과거의 경험을 나타내는 동태조사 '过'와 여행 관련 단어 및 중국의 주요 관광 도시에 대해서 알아보도록 합니다.

경험 관련 단어

过 guo 조 ~한 적이 있다 | 次 cì 양 번, 차례 | 以前 yǐqián 명 이전, 예전

중국 여행지 관련 단어

上海 Shànghǎi 지 상하이 | 杭州 Hángzhōu 지 항저우 | 苏州 Sūzhōu 지 쑤저우

머리에 쏙쏙! 새 단어 05-1

회화 1

过	guo	조	~한 적이 있다
次	cì	양	번, 차례 [동작의 횟수를 세는 단위]
除了	chúle	전	~을 제외하고
以外	yǐwài	명	이 외, 그 밖
上海	Shànghǎi	지	상하이
杭州	Hángzhōu	지	항저우
苏州	Sūzhōu	지	쑤저우
天堂	tiāntáng	명	천당, 천국
嘛	ma	조	서술문 뒤에 쓰여 당연함을 나타냄

회화 2

咖啡厅	kāfēitīng	명	커피숍
好喝	hǎohē	형	(음료 등이) 맛있다
第一	dìyī	수	제1, 최초
感觉	gǎnjué	동	느끼다
不错	búcuò	형	괜찮다, 좋다
挺	tǐng	부	매우
以前	yǐqián	명	이전, 예전
男朋友	nánpéngyou	명	남자친구
常	cháng	부	종종, 자주

Unit 05. 你去过中国吗?

입에서 술술! 회화 1

🎧 05-2

💬 중국 여행에 대해 이야기하기

A 你去过中国吗?
Nǐ qùguo Zhōngguó ma?

B 去过,去过两次。
Qùguo, qùguo liǎng cì.

A 都去过哪儿?
Dōu qùguo nǎr?

B 除了北京以外,
Chúle Běijīng yǐwài,

我还去过上海、杭州和苏州。
wǒ hái qùguo Shànghǎi、Hángzhōu hé Sūzhōu.

A 怎么样?好吗?
Zěnmeyàng? Hǎo ma?

B 都很好,中国人说"上有天堂,下有苏杭"嘛。
Dōu hěn hǎo, Zhōngguórén shuō "shàng yǒu tiāntáng, xià yǒu SūHáng" ma.

표현 Tip

▶ '过'는 동사로도 쓰여요!

'过'는 동사 뒤에 쓰이는 조사 의미 외에 동사로 '지나가다, 보내다'라는 뜻이 있습니다. 예를 들어 '过来 guòlái (건너오다)', '过生日 guò shēngrì (생일을 보내다)' 등으로 쓰이곤 합니다. 조사 '~한 적이 있다'라는 의미도 동사 '지나가다'의 의미에서 그 의미가 점점 옅어지면서 어법적 의미만 남게 된 것이지요.

입에서 술술! 회화 2

🎧 05-3

카페에서 대화하기

A 你来过这家咖啡厅吗?
Nǐ láiguo zhè jiā kāfēitīng ma?

B 没来过。这是第一次，感觉这里很不错。
Méi láiguo. Zhè shì dì yī cì, gǎnjué zhèlǐ hěn búcuò.

A 这里的咖啡挺好喝的。
Zhèlǐ de kāfēi tǐng hǎohē de.

B 你是怎么知道这里的?
Nǐ shì zěnme zhīdào zhèlǐ de?

A 我以前跟男朋友来过。
Wǒ yǐqián gēn nánpéngyou láiguo.

B 是吗? 我以后也要常来这里。
Shì ma? Wǒ yǐhòu yě yào cháng lái zhèlǐ.

표현 Tip

▶ '男朋友'는 '남자친구', 그렇다면 '남사친'은?

'男朋友'는 '남자친구'라는 뜻입니다. 실제로 교제 관계에 있는 사람을 나타내죠. 그렇다면 그냥 '이성 친구', 즉 '남사친'은 중국어로 뭐라고 할까요? 바로 '男的朋友(nán de péngyou)'라고 합니다. '的'를 넣어서 구분해주는 것이지요.

실력이 쑥쑥! 문법

01 ~한 적이 있다 동태조사 过

동태조사 '过'는 동사 뒤에서 과거의 경험, 즉 '~한 적이 있다'라는 뜻을 나타냅니다.

- 我看过这部电影。 저는 이 영화를 본 적이 있어요.
  Wǒ kànguo zhè bù diànyǐng.
- 你听过中国音乐吗? 당신은 중국 음악을 들어본 적이 있나요?
  Nǐ tīngguo Zhōngguó yīnyuè ma?

부정을 나타낼 때는 동사 앞에 부정부사 '没'를 씁니다. 이때 '过'는 그대로 둡니다.

- 我没去过香港。 저는 홍콩에 가본 적이 없어요.
  Wǒ méi qùguo Xiānggǎng.
- 我没见过小李。 저는 샤오리를 만난 적이 없어요.
  Wǒ méi jiànguo Xiǎolǐ.

'정반의문문' 형식은 '동사 + 过 + 목적어 + 了 + 没有' 혹은 '동사 + 没 + 동사 + 过 + 목적어' 순입니다.

- 你去过哈尔滨了没有? 당신은 하얼빈에 가본 적이 있나요 없나요?
  Nǐ qùguo Hā'ěrbīn le méiyǒu?
- 你吃没吃过烤鸭? 당신은 카오야를 먹어본 적이 있나요 없나요?
  Nǐ chī méi chīguo kǎoyā?

02 번, 차례 동량사 次

양사 '次'는 '번, 차례'라는 뜻으로 동사 뒤에 쓰여 동작의 횟수를 나타냅니다. 이렇게 동사 뒤에 쓰여 동작의 횟수를 나타내는 성분을 '동량사'라고 합니다. 동량사는 양사의 한 종류이기 때문에 '수사 + 동량사 + 명사' 순으로 쓰입니다.

- 我去过三次济州岛。 저는 제주도에 세 번 가본 적이 있어요.
  Wǒ qùguo sān cì Jìzhōu Dǎo.
- 我吃过几次中国菜。 저는 중국음식을 몇 번 먹어본 적이 있어요.
  Wǒ chīguo jǐ cì Zhōngguócài.

> **Tip** 자주 쓰이는 동량사: 回 huí 번, 차례 [동작을 세는 단위], 趟 tàng 번, 차례 [왕복하는 행동을 세는 단위], 顿 dùn 끼, 바탕 [식사, 질책 등을 세는 단위]

단어 部 bù 양 편 [서적이나 영화 등을 세는 단위] | 香港 Xiānggǎng 지 홍콩 | 哈尔滨 Hā'ěrbīn 지 하얼빈 | 烤鸭 kǎoyā 명 베이징덕(오리구이) | 济州岛 Jìzhōu Dǎo 지 제주도

03 ~한 것이다   是……的 강조구문

'是……的' 강조구문은 이미 발생한 동작의 시간, 장소, 목적, 방식, 대상 등을 강조하는 문장입니다. 긍정문일 때 '是'는 생략할 수 있지만, 부정문일 때 '不是'는 생략할 수 없습니다.

- 你是怎么来学校的?   당신은 어떻게 학교에 온 거예요? [방식 강조]
  Nǐ shì zěnme lái xuéxiào de?

- 他们是在学校里认识的。   그들은 학교에서 알게 된 거예요. [장소 강조]
  Tāmen shì zài xuéxiào li rènshi de.

- 她是昨天到的。   그녀는 어제 도착한 거예요. [시간 강조]
  Tā shì zuótiān dào de.

- 我是跟朋友一起去的。   저는 친구와 같이 간 거예요. [대상 강조]
  Wǒ shì gēn péngyou yìqǐ qù de.

Tip) '了'는 단순한 동작의 완료를 나타내지만, '是……的' 강조 구문은 동작이 어디에서, 어떻게, 언제 일어났는지 등을 강조할 때 씁니다.

- 我喝了一杯咖啡。   저는 커피 한 잔을 마셨어요. [단순한 동작 완료]
  Wǒ hēle yì bēi kāfēi.

- 我是在咖啡厅喝咖啡的。   저는 커피숍에서 커피를 마신 거예요. [장소 강조]
  Wǒ shì zài kāfēitīng hē kāfēi de.

- 我是早上喝咖啡的。   저는 아침에 커피를 마신 거예요. [시간 강조]
  Wǒ shì zǎoshang hē kāfēi de.

04 ~을 제외하고   전치사 除了

전치사 '除了'는 '~이외에'라는 뜻으로 종종 뒤에 '以外'와 함께 쓰입니다. 이때 '除了A 以外, 还 B' 처럼 '还'가 오면 'A 이외에 B도 (A와 B 모두 포함)'의 뜻이고, '除了A 以外, B 都'처럼 '都'가 오면 'A를 제외하고 B만 (A만 제외하고 B는 포함)'의 뜻입니다.

- 除了书店以外，今天我还去过商场和电影院。
  Chúle shūdiàn yǐwài, jīntiān wǒ hái qùguo shāngchǎng hé diànyǐngyuàn.
  서점 이외에, 오늘 저는 백화점과 영화관도 갔어요. [서점, 백화점, 영화관 모두 포함]

- 除了星期四以外，我哪天都可以来。   목요일 이외에, 저는 어느 날에도 올 수 있어요. [목요일만 제외]
  Chúle xīngqīsì yǐwài, wǒ nǎ tiān dōu kěyǐ lái.

단어 认识 rènshi 동 알다, 인식하다 | 杯 bēi 양 잔, 컵 | 商场 shāngchǎng 명 백화점, 쇼핑센터

중국어 UP! 표현 더하기 +

🎧 05-4

>> 새로운 단어들을 이용해 앞에서 배운 표현을 연습해봅시다.

동태조사 '了', '过', '着'

❶ 我学了一年的汉语。   저는 1년 정도 중국어를 배웠어요.
Wǒ xuéle yì nián de Hànyǔ.

我学过一年的汉语。   저는 1년 정도 중국어를 배운 적이 있어요.
Wǒ xuéguo yì nián de Hànyǔ.

我最近正学着汉语。   저는 최근 중국어를 배우고 있어요.
Wǒ zuìjìn zhèng xuézhe Hànyǔ.

❷ 他昨天穿了什么颜色的衣服?   그가 어제 어떤 색상의 옷을 입었죠?
Tā zuótiān chuānle shénme yánsè de yīfu?

他上个星期穿过这件白色的衣服。
Tā shàng ge xīngqī chuānguo zhè jiàn báisè de yīfu.
그는 저번 주에 이 흰색 옷을 입은 적이 있어요.

他今天穿着白色的衣服。   그는 오늘 흰색 옷을 입고 있어요.
Tā jīntiān chuānzhe báisè de yīfu.

단어

穿 chuān 동 (옷·신발·양말 등을) 입다, 신다 | 颜色 yánsè 명 색, 색깔 | 白色 báisè 명 흰색

중국어 UP! 단어 더하기 +

🎧 05-5

1. 여행 관련 단어

护照 hùzhào	办签证 bàn qiānzhèng	预定 yùdìng
여권	비자 처리하다	예약하다

飞机票 fēijīpiào	登机牌 dēngjīpái	行李箱 xínglǐxiāng
비행기표	탑승권	트렁크

游客 yóukè	跟团游 gēntuányóu	自助旅游 zìzhù lǚyóu
여행객	패키지 여행	자유여행

酒店 jiǔdiàn	名胜古迹 míngshènggǔjì	导游 dǎoyóu
호텔	명승고적	가이드

2. 중국 주요 도시 명칭

北京 Běijīng	上海 Shànghǎi	青岛 Qīngdǎo
베이징	상하이	칭다오

广州 Guǎngzhōu	西安 Xī'ān	天津 Tiānjīn
광저우	시안	톈진

武汉 Wǔhàn	重庆 Chóngqìng	大连 Dàlián
우한	충칭	다롄

沈阳 Shěnyáng	深圳 Shēnzhèn	长春 Chángchūn
션양	션쩐	창춘

Unit 05. 你去过中国吗?

마무리 쏙쏙! 연습문제

1. 다음 그림에 해당하는 단어를 넣어 대화를 완성해보세요.

①

A 你去过中国吗?
Nǐ qùguo Zhōngguó ma?

B _____。
_____.

②

A 你来过这家咖啡厅吗?
Nǐ láiguo zhè jiā kāfēitīng ma?

B _____。
_____.

③

A 你是怎么知道这里的?
Nǐ shì zěnme zhīdào zhèlǐ de?

B _____。
_____.

④

A 杭州和苏州怎么样? 好吗?
Hángzhōu hé Sūzhōu zěnmeyàng? Hǎo ma?

B _____。
_____.

2. 중국어 문장은 한국어로 번역하고, 한국어 문장은 중국어로 번역해보세요.

① 这里的咖啡挺好喝的。

→ _____

② 是吗？我以后也要常来这里。

→ _____

③ 당신은 중국 어디에 가본 적이 있나요?

→ _____

④ 저는 항저우에 가본 적이 없어요.

→ _____

입에 착착! 발음연습 　　　　　　　　　　　05-6

>> 잰말놀이(绕口令: ràokǒulìng)를 따라 하면서 발음을 연습해보세요.

石狮寺前有四十四个石狮子，　　돌사자 절 앞에는 44개의 돌사자가 있고,
Shíshīsì qián yǒu sìshísì ge shí shīzi,

寺前树上结了四十四个涩柿子。　　절 앞 나무에는 44개의 떫은 감이 열렸다.
sì qián shù shang jiēle sìshísì ge sè shìzi.

四十四个石狮子不吃四十四个涩柿子，　　44개의 돌사자는 44개의 떫은 감을 먹지 않고,
Sìshísì ge shí shīzi bù chī sìshísì ge sè shìzi,

四十四个涩柿子倒吃四十四个石狮子。　　44개의 떫은 감이 되려 44개의 돌사자를 먹네.
sìshísì ge sè shìzi dào chī sìshísì ge shí shīzi.

퀴즈 퀴즈~ 중국 문화 어렵지 않아요!

1 '런던의 보트하우스', '오클랜드의 차고', '홍콩의 닭장'이란 말이 있는데요, 이 세 단어들의 공통점은 바로 중국인들이 공격적으로 해외 부동산을 싹쓸이하는 현상으로 인해 집값이 폭등하면서 생겨났다는 것입니다. 과거 중국인들의 해외 부동산 투자 지역은 호주와 미국, 영국 정도였으나 최근 전 세계 곳곳으로 늘어나고 있는 추세라고 합니다. 우리나라 제주도 역시 중국인의 인기 투자지역으로 최근 3년 동안 중국인이 투자한 제주도 토지가 500%나 증가했다고 하는데요, 이렇게 중국인들이 해외 부동산 매입에 나서는 이유는 과연 무엇일까요?

① 환경문제 때문에　② 자녀교육, 이민 때문에　③ 중국의 경기 둔화 때문에

2 최근 우리나라의 미세먼지로 인한 피해는 매우 심각한 수준입니다. 많은 원인 중에서도 가장 큰 원인이 바로 동북아시아에서 넘어오는 독성 스모그라는 이야기가 있는데요, 중국의 현재 상황은 거의 '스모그 지옥' 수준이라고 합니다. 이 스모그 지옥을 피해 중국인들은 중국 남부와 내륙, 심지어 동남아로 피난을 갈 뿐만 아니라, 아예 이민을 준비하는 사람들도 많다고 하는데요, 이 스모그를 중국어로 과연 무엇이라고 할까요?

① 沙尘暴（shāchénbào）　② 雾霾（wùmái）　③ 大雾（dàwù）

❓ 중국인들의 해외 부동산 쇼핑은 세계 곳곳의 집값을 과도하게 끌어올리는 주범으로 지목되고 있습니다. 캐나다 같은 경우에는 2015년 기준 벤쿠버 전체 주택 거래액의 33%가 바로 중국인들이 거래한 금액이라고 할 정도로 중국인들은 주택시장의 '큰 손'으로 자리 잡았습니다. 이처럼 중국인들이 해외 부동산 매입에 나서는 것은 사실 복합적인 이유들이 있습니다. 그러나 그 중에서도 대표적인 이유는 바로 최근 몇 년간 중국 경기가 둔화되고 베이징 등 주요 도시의 집값이 폭등하자 새로운 안전 투자처를 찾아 나섰기 때문입니다. 즉, 중국에서도 부동산 버블이 꺼져 그 불안감으로 해외 투자에 눈길을 돌린 것이지요. 여기에 해외에서 공부하고 오면 비교적 탄탄대로를 달리는 사회 분위기가 한몫 더해져 자녀교육을 위해, 또 나날이 심해져 가는 환경오염 문제에서 벗어나기 위해 중국인들의 해외 부동산 쇼핑 붐은 지속될 전망입니다. 최근에는 2020년 도쿄 올림픽 개최를 앞두고 많은 중국인 투자자들이 일본 부동산 구매를 시작하여 일본의 부동산 가격이 상승할 것으로 보고 있다고 하네요.

▶ 정답 ①, ②, ③

❓ 중국의 스모그 현상은 현재 '지옥'이라고 할 정도로 매우 심각한 수준입니다. 2017년 2월 중국 수도권 '징진지(京津冀 베이징-톈진-허베이성: 여기서 '冀 jì'는 허베이성의 별칭임)'에서는 한때 최고 1,000㎍/㎥를 넘는 오염도를 보였다고 하는데요. 대기오염 기준이 500㎍/㎥ 이상일 때 발령되는 '적색경보(최고 등급)'를 한참 뛰어넘은 수치여서 사람들이 외출을 삼갔고 도시에는 적막감이 돌았습니다. 부득이하게 외출하는 사람들 중에는 방독면을 쓴 사람이 있을 정도였다고 하니 정말 심각한 수준이었죠. 이 스모그는 중국이 본격적으로 경제 발전을 하기 시작한 90년대부터 시작되었는데요, 화석연료 사용의 증가, 중국 동북부 지역의 인구 집중화 현상, 무분별한 오염물질 배출 등이 더해져 엄청난 스모그 현상을 불러일으키고 있습니다. 그로 인해 폐암을 진단받거나 사망하는 환자가 계속 늘어나고 있다고 합니다. 이 스모그를 중국어로는 '雾霾 wùmái'라고 하는데, '안개'와 '하늘이 부옇게 되는 현상'이 합해진 말입니다.
①번의 '沙尘暴 shāchénbào'는 '황사'를 뜻합니다. 이 '沙尘暴'는 봄철 중국 서북부 및 북부에서 발생하여 우리나라에도 심각한 영향을 주고 있습니다. ③번의 '大雾 dàwù'는 짙은 안개를 뜻하는 말입니다.

▶ 정답 ②

Unit 06

你会说汉语吗?

Nǐ huì shuō Hànyǔ ma?
당신은 중국어를 할 줄 아나요?

Intro.

길을 걷다 보면 중국인 관광객들이 중국어로 '중국어를 할 줄 아는지' 물을 때가 있는데요, 이럴 땐 어떻게 대답해야 할까요? 또한, 길을 물어본다면 어떻게 안내할 수 있을까요? 이번 과에서는 중국인에게 길을 안내해주는 표현과 물건 구매 시 도움이 될 수 있는 표현에 대해 배워보도록 합니다.

길 안내

得 děi [조동] ~해야 한다 | 坐 zuò [동] (교통수단을) 타다 | 号线 hàoxiàn (지하철의) 호선

구매 안내

推荐 tuījiàn [동] 추천하다 | 试 shì [동] 시험 삼아 해보다 | 打折 dǎzhé [동] 할인하다

머리에 쏙쏙! 새 단어

🎧 06-1

회화 1

■	会	huì	조동 (배워서) ~할 수 있다
■	江南	Jiāngnán	지 강남 [한국의 수도인 서울의 한 지역명]
■	得	děi	조동 ~해야 한다
■	坐	zuò	동 (교통 수단을) 타다
■	号线	hàoxiàn	(지하철의) 호선
■	市厅站	Shìtīng Zhàn	지 시청역
■	就	jiù	부 바로
■	可以	kěyǐ	조동 ~할 수 있다
■	先…然后…	xiān… ránhòu…	먼저 ~한 뒤 그 다음 ~하다
■	换	huàn	동 교환하다, 바꾸다

회화 2

■	要	yào	조동 ~하려고 하다
■	化妆品	huàzhuāngpǐn	명 화장품
■	能	néng	조동 ~할 수 있다
■	给	gěi	전 ~에게
■	推荐	tuījiàn	동 추천하다
■	一下	yíxià	양 한번 ~하다 [시도의 의미, 어감을 가볍게 만듦]
■	气垫粉	qìdiànfěn	명 에어쿠션
■	试	shì	동 시험 삼아 해보다
■	当然	dāngrán	형 당연하다
■	护照	hùzhào	명 여권
■	…的话	…de huà	만약에, ~라고 한다면

Unit 06. 你会说汉语吗?

입에서 술술! 회화 1

🎧 06-2

지하철 길 안내하기

A 你会说汉语吗?
Nǐ huì shuō Hànyǔ ma?

B 会说一点儿，怎么了?
Huì shuō yìdiǎnr, zěnmele?

A 我们要去江南，但不知道得坐几号线。
Wǒmen yào qù Jiāngnán, dàn bù zhīdào děi zuò jǐ hàoxiàn.

B 你们坐二号线就可以到。
Nǐmen zuò èr hàoxiàn jiù kěyǐ dào.

先坐一号线，然后在市厅站换二号线。
Xiān zuò yī hàoxiàn, ránhòu zài Shìtīng Zhàn huàn èr hàoxiàn.

A 谢谢你。
Xièxiè nǐ.

B 不客气。
Bú kèqi.

표현 Tip

▶ 길을 안내할 때는 질문에 따라 다르게 답변해야 해요!

중국 사람이 와서 '怎么去?'라고 묻는다면 지하철, 버스 등과 같은 교통수단으로 답변해야 하고, '怎么走?'라고 묻는다면 (1권 10과에서 배운 것처럼) '往右拐', '往前走'라는 식으로 답변해야 합니다. 상황에 따라서 적절하게 답변해 주세요.

입에서 술술! 회화 2 🎧 06-3

💬 화장품 구매하기

A 你好，我要买化妆品，能给我推荐一下吗?
Nǐ hǎo, wǒ yào mǎi huàzhuāngpǐn, néng gěi wǒ tuījiàn yíxià ma?

B 这个气垫粉怎么样?
Zhè ge qìdiànfěn zěnmeyàng?

A 我能试试吗?
Wǒ néng shìshi ma?

B 当然。…… 您觉得怎么样?
Dāngrán. …… Nín juéde zěnmeyàng?

A 不错。我要五个，可以打折吗?
Búcuò. Wǒ yào wǔ ge, kěyǐ dǎzhé ma?

B 有护照的话可以打八折。
Yǒu hùzhào de huà kěyǐ dǎ bā zhé.

표현 Tip

▶ '打折' 혼동하지 맙시다!

명동이나 백화점에 가면 흔히 세일한다는 표현과 더불어 중국어로 '打八折' 또는 '打8折'라는 글자를 볼 수 있는데요, 이것은 '80% 세일'이 아니라 '20% 세일'이라는 뜻입니다. 8할의 가격만을 받겠다는 뜻이지요. 혹시 중국으로 여행을 간다면 혼동하지 말고 물건을 잘 구매하세요.

실력이 쑥쑥! 문법

01 ~할 수 있다 조동사 会, 能, 可以

조동사 '会', '能', '可以'는 모두 '~할 수 있다'라는 의미지만 용법이 조금씩 다릅니다.

① 조동사 '会'
조동사 '会'는 '(배워서) ~할 수 있다'라는 뜻으로 뒤에 대부분 외국어나 스포츠와 관련된 내용이 옵니다.

- 我会开车。 저는 운전할 줄 알아요.
  Wǒ huì kāichē.

- 你会游泳吗？ 당신은 수영할 줄 아나요?
  Nǐ huì yóuyǒng ma?

또한 조동사 '会'는 '~일 것이다'라는 뜻으로 추측을 나타내기도 하는데, 이때는 문장 마지막에 '的'를 쓰기도 합니다.

- 明天不会下雨。 내일 비가 올 리 없어요.
  Míngtiān bú huì xiàyǔ.

- 他不会来的。 그가 올 리 없어요.
  Tā bú huì lái de.

② 조동사 '能'
조동사 '能'은 '(상황이나 능력이 돼서) ~할 수 있다'라는 뜻을 나타냅니다.

- 你现在能帮我一下吗？ 당신 지금 나를 좀 도와줄 수 있나요?
  Nǐ xiànzài néng bāng wǒ yíxià ma?

- 你能来吗？ 당신 올 수 있나요?
  Nǐ néng lái ma?

또한 조동사 '能'은 '可以'처럼 '~해도 된다'라는 허락의 뜻을 나타내기도 합니다.

- 这儿能照相吗？ 여기서 사진을 찍어도 되나요?
  Zhèr néng zhàoxiàng ma?

- 没有发票，不能退。 영수증이 없으면 환불할 수 없습니다.
  Méiyǒu fāpiào, bù néng tuì.

단어 开车 kāichē 동 운전하다 | 帮 bāng 동 돕다 | 照相 zhàoxiàng 동 사진을 찍다, 촬영하다 | 发票 fāpiào 명 영수증 | 退 tuì 동 환불하다

③ 조동사 '可以'

조동사 '可以'는 주로 '(허가, 허락이 되어) ~할 수 있다'는 뜻을 나타냅니다.

- 我可以进去吗?　제가 들어가도 될까요?
  Wǒ kěyǐ jìnqù ma?

- 这里可以买往返票吗?　여기에서 왕복표를 살 수 있나요?
  Zhèlǐ kěyǐ mǎi wǎngfǎnpiào ma?

조동사 '会', '能', '可以'의 부정을 나타낼 때는 조동사 앞에 '不'를 씁니다.

- 我不会做中国菜。　저는 중국요리를 할 줄 몰라요.
  Wǒ bú huì zuò Zhōngguócài.

- 明天我不能去。　내일 저는 못 가요.
  Míngtiān wǒ bù néng qù.

- 这儿不可以抽烟。　여기서는 담배를 피울 수 없습니다.
  Zhèr bù kěyǐ chōuyān.

02　~해야 한다　조동사 得

조동사 '得'는 '~해야 한다'라는 뜻으로 당위를 나타냅니다. 1과에서 배운 '应该'보다 어투가 다소 강합니다.

- 你得努力学习。　당신은 열심히 공부해야 해요.
  Nǐ děi nǔlì xuéxí.

- 你得好好儿学汉语。　당신은 중국어를 잘 배워야 해요.
  Nǐ děi hǎohāor xué Hànyǔ.

03　바로, 곧　부사 就

부사 '就'는 '바로, 곧'이라는 뜻으로 곧 발생할 것임을 강조할 때 사용됩니다.

- 走五分钟就到了。　5분만 걸어가면 바로 도착해요.
  Zǒu wǔ fēnzhōng jiù dào le.

- 你现在就去吧。　당신 지금 바로 가세요.
  Nǐ xiànzài jiù qù ba.

> **Tip**
> '才'는 '就'와 대조적인 의미로, '겨우, 이제서야'라는 의미를 가집니다.

단어　往返票 wǎngfǎnpiào 명 왕복표 | 抽烟 chōuyān 동 흡연하다 | 努力 nǔlì 동 노력하다, 열심히 하다

중국어 UP! 표현 더하기 +

🎧 06-4

>> 새로운 단어들을 이용해 앞에서 배운 표현을 연습해봅시다.

다양한 길 안내 표현

① **你先坐公共汽车，然后在明洞站坐地铁吧。**
Nǐ xiān zuò gōnggòng qìchē, ránhòu zài Míngdòng Zhàn zuò dìtiě ba.
먼저 버스를 탄 뒤 명동역에서 지하철을 타세요.

② **坐三号线去比较近。** 3호선을 타는 게 비교적 가까워요.
Zuò sān hàoxiàn qù bǐjiào jìn.

③ **坐一号线不用换车。** 1호선을 타면 환승할 필요가 없어요.
Zuò yī hàoxiàn bú yòng huànchē.

④ **现在堵车，你坐地铁去吧。** 지금 차가 막히니, 지하철을 타고 가세요.
Xiànzài dǔchē, nǐ zuò dìtiě qù ba.

⑤ **你坐反了，下车后去对面坐。**
Nǐ zuòfǎn le, xiàchē hòu qù duìmiàn zuò.
반대로 타셨네요, 내려서 맞은편으로 가서 타세요.

단어
不用… bú yòng… 부 ~할 필요가 없다 | 堵车 dǔchē 동 차가 막히다 | 反 fǎn 형 거꾸로의, 반대의

중국어 UP! 단어 더하기 +

1. 브랜드 이름

优衣库 Yōuyīkù — 유니클로	**佐丹奴** Zuǒdānnú — 지오다노	**盖璞** Gàipú — GAP
香奈儿 Xiāngnài'er — 샤넬	**阿迪达斯** Ādídásī — 아디다스	**耐克** Nàikè — 나이키
新百伦 Xīnbǎilún — 뉴발란스	**雅诗兰黛** Yǎshīlándài — 에스티로더	**迪奥** Dí'ào — 디올
佳能 Jiānéng — 캐논	**苹果** Píngguǒ — 애플	**三星** Sānxīng — 삼성

2. 중국인이 한국에서 많이 사는 쇼핑 품목

电饭锅 diànfànguō — 전기밥솥	**电热毯** diànrètǎn — 전기장판	**榨汁机** zhàzhījī — 착즙기
香水 xiāngshuǐ — 향수	**奶粉** nǎifěn — 분유	**红参** hóngshēn — 홍삼
人参 rénshēn — 인삼	**拉面** lāmiàn — 라면	**皮包** píbāo — 가방
牙膏 yágāo — 치약	**饼干** bǐnggān — 과자	**尿不湿** niàobushī — 일회용 기저귀

마무리 쏙쏙! 연습문제

1. 다음 그림에 해당하는 단어를 넣어 대화를 완성해보세요.

①

A 你会说汉语吗?
Nǐ huì shuō Hànyǔ ma?

B _____。

_____.

②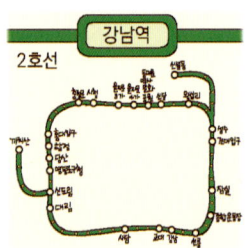

A 我要去江南，得坐几号线?
Wǒ yào qù Jiāngnán, děi zuò jǐ hàoxiàn?

B _____。

_____.

③

A 在哪儿换二号线?
Zài nǎr huàn èr hàoxiàn?

B _____。

_____.

④

A 这个气垫粉怎么样?
Zhè ge qìdiànfěn zěnmeyàng?

B _____。

_____.

2. 중국어 문장은 한국어로 번역하고, 한국어 문장은 중국어로 번역해보세요.

① 有护照的话可以打八折。

→ _____

② 你能给我推荐一下吗?

→ _____

③ 제가 한번 테스트 해봐도 될까요?

→ _____

④ 저는 중국어를 조금 할 줄 알아요.

→ _____

입에 착착! 발음연습   06-6

>> 잰말놀이(绕口令: ràokǒulìng)를 따라 하면서 발음을 연습해보세요.

小郭画了朵红花,   샤오궈는 빨간 꽃을 그렸고,
Xiǎoguō huàle duǒ hónghuā,

小葛画了朵黄花。   샤오거는 노란 꽃을 그렸어요.
Xiǎogě huàle duǒ huánghuā.

小郭想拿他的红花换小葛的黄花,
Xiǎoguō xiǎng ná tā de hónghuā huàn Xiǎogě de huánghuā,
샤오궈가 그의 빨간색 꽃을 가지고 샤오거의 노란 꽃과 바꾸고 싶어해서,

小葛把他的黄花换了小郭的红花。
Xiǎogě bǎ tā de huánghuā huànle Xiǎoguō de hónghuā.
샤오거는 그의 노란 꽃을 가지고 샤오궈의 빨간 꽃과 바꿨어요.

퀴즈 퀴즈~ 중국 문화 어렵지 않아요!

1

부유하거나 부모의 사회적 지위가 높은 가정에서 태어나 경제적으로 좋은 환경을 누리는 사람을 비유적으로 이르는 '금수저'라는 말을 아시죠? 우리나라에도 금수저가 있듯, 중국에도 금수저들이 있습니다. 이들은 부모로부터 막대한 재산을 물려받아 호화로운 삶을 영위합니다. 보석부터 시작해서 요트와 부동산까지 사들이고 재력을 과시하며 이러한 사치를 하나의 능력이라고 생각합니다. 그러나 이들의 행동이 주위에 물의를 일으킨 경우도 종종 있었는데요, 2010년에는 고위간부의 아들이 운전하다 사람을 치어서 죽였는데, 오히려 당당하게 '我爸是李刚(우리 아버지가 리강이야)'이라고 이야기하여 이 말이 한때 유행어로 사용되기까지 했었습니다. 이렇게 높은 지위에 있는 부모님에게 기대어 기세등등하게 사는 재벌 2세, 혹은 고위간부의 자녀를 가리켜 무엇이라고 할까요?

① 贫二代 (pín'èrdài) ② 富二代 (fù'èrdài) ③ 小皇帝 (xiǎohuángdì)

2

중국 하면 흔히들 '공산당'을 떠올리고 중국 하면 종교가 없다고 생각합니다. 그러나 중국에도 종교의 자유가 있으며 교회와 사찰, 이슬람 사원도 존재합니다. 이렇듯 다양한 종교가 있긴 하지만 미성년자에 대한 선교활동 및 외국인의 선교활동을 법으로 금지하고 있습니다. 종교활동은 자유지만 사회참여는 법으로 금하고 있으니 엄밀히 말하면 종교의 자유가 없는 것과 마찬가지라고 할 수 있겠네요. 중국인들이 믿는 종교로는 불교, 도교, 라마교, 이슬람교, 그리고 천주교, 기독교 등이 있습니다. 그렇다면 여기서 퀴즈! 중국인들이 가장 많이 믿는 종교는 과연 무엇일까요?

① 도교 (道教 Dàojiào) ② 기독교 (基督教 Jīdūjiào) ③ 불교 (佛教 Fójiào)

②번 '富二代 fù'èrdài'는 우리말의 금수저, 즉 부모의 부를 대물림 받아 풍족한 삶을 사는 부유층 2세를 나타내는 말입니다. 현재 이 푸얼따이들은 중국에서 이슈가 되고 있지만 한편으로는 골칫거리이기도 합니다. 철없이 방탕한 생활을 하기도 하고, 부모의 재력과 권력을 믿고 잘못을 하고도 반성하지 않는 모습을 보이기도 하면서 많은 사람들의 질타를 받고 있습니다. 아시아 최고의 부호라는 '완다(万达 Wàndá)' 그룹 회장의 외동아들이 '친구를 사귈 때 돈이 있는지 없는지는 중요하지 않다. 어차피 나보다 적으니까'라는 유명한 말을 남기기도 했죠. 이와 비슷한 예로 고위간부 자녀들은 '官二代 guān'èrdài'라고 합니다.

이와 반대로 우리가 흔히 말하는 흙수저는 바로 ①번, '贫二代 pín'èrdài'라고 합니다. '贫 pín'이라는 한자에서도 알 수 있듯이 '핀얼따이'라는 말은 가난한 사람의 2세를 의미하죠. ③번 '小皇帝 xiǎohuángdì'는 응석받이로 자란 아이를 '집안의 작은 황제'에 비유하는 말입니다. 중국의 푸얼따이들이 이렇게 철없는 행동을 하는 원인이 바로 '小皇帝 xiǎohuángdì'이기 때문이라고 많이들 이야기하는데요, 중국의 산아제한 정책 때문에 아이를 하나 밖에 낳지 못했고, 이 아이들이 과잉보호를 받으며 자라왔기 때문에 상식 밖의 행동을 한다고 지적하고 있습니다. 또 다른 한편으로는 경제 발전에 따른 빈부격차와 부의 양극화가 심해진 것을 원인으로 보는 관점도 있습니다.

▶ 정답 ②

중국에서 종교가 잘 전파되지 않는 이유는 종교적인 믿음보다 미신이 더 강하게 자리잡혀 있으며, 정부의 통제도 한몫하기 때문입니다. 중국에도 신학대학이 있지만 종교적인 목적보다는 공산당 체제 유지를 우선시 하기 때문에 진정한 의미의 신학대학이라고 할 수 없죠. 또한 종교보다 오랜 시간동안 중국인들 곁에 굳건히 자리잡고 있는 미신에 대한 신념이 더 강하기 때문에 중국에서는 종교가 잘 전파되지 않습니다. 그럼에도 불구하고 중국인들이 가장 많이 믿는 종교는 바로 불교입니다. 불교(佛教 Fójiào)는 서기 1세기에 인도에서 중국으로 전해졌고, 그 과정에서 노장사상과 결합하여 중국만의 불교가 만들어졌습니다. 그리고 이러한 불교의 영향은 생활 곳곳에 자리 잡아 고대 1음절이던 한자가 2음절로 바뀌는 데 영향을 줄 정도로 막대했습니다. 중국의 어느 도시를 가도 불교 사찰을 많이 볼 수 있는 까닭이 바로 여기에 있습니다.

현재 중국에는 기독교 신자가 그리 많지는 않습니다. 정부의 탄압도 있었고, 선교 자체가 불법행위이기 때문이지요. 그러나 서구화가 시작되면서 기독교 신자도 빠르게 증가하는 추세라고 합니다.

▶ 정답 ③

Unit 07

你打算什么时候去中国?

Nǐ dǎsuàn shénme shíhou qù Zhōngguó?

당신은 언제 중국에 갈 계획인가요?

Intro.

상대방에게 여행 계획을 묻는 표현에는 어떤 것들이 있을까요? 또 여행에서 필수인 호텔 예약 및 예약 확인을 할 때는 어떤 표현들을 사용할까요? 이번 과에서는 방학 계획에 대해 묻고 답해보고, 호텔 및 항공권 예약과 관련된 표현에 대해 배워보도록 합니다.

계획 관련 단어

打算 dǎsuàn 동 ~할 계획이다, 생각이다 명 계획 | 暑假 shǔjià 명 여름방학 | 度过 dùguò 동 보내다, 지내다

예약 관련 단어

预订 yùdìng 예약하다 | 出示 chūshì 동 보여주다 | 房卡 fángkǎ 명 룸 키, 룸 카드 | 入住 rùzhù 동 (호텔 등에서) 체크인 하다

머리에 쏙쏙! 새 단어

회화 1

打算	dǎsuàn	동 ~할 계획이다, 생각이다 명 계획
什么时候	shénme shíhou	대 언제
预订	yùdìng	동 예약하다
酒店	jiǔdiàn	명 호텔
已经	yǐjīng	부 이미, 벌써
订	dìng	동 예약하다, 주문하다
暑假	shǔjià	명 여름방학
一边…一边…	yìbiān… yìbiān…	~하면서 ~하다
祝	zhù	동 바라다, 빌다, 축원하다
度过	dùguò	동 보내다, 지내다
愉快	yúkuài	형 유쾌하다, 즐겁다

회화 2

网上	wǎngshàng	명 온라인, 인터넷
间	jiān	양 칸 [방을 세는 단위]
房	fáng	명 방, 룸
出示	chūshì	동 보여주다
入住	rùzhù	동 (호텔 등에서) 체크인 하다
复印	fùyìn	동 복사하다
稍	shāo	부 조금, 잠시
等	děng	동 기다리다
分钟	fēnzhōng	명 분 [시간 단위]
密码	mìmǎ	명 비밀번호
房卡	fángkǎ	명 룸 키, 룸 카드
拿	ná	동 쥐다, 잡다, 가지다

입에서 술술! 회화 1 🎧 07-2

💬 **방학 계획 물어보기**

A 你打算什么时候去中国?
Nǐ dǎsuàn shénme shíhou qù Zhōngguó?

B 下个月7号去，10号回来。
Xià ge yuè qī hào qù, shí hào huílái.

A 预订酒店了吗?
Yùdìng jiǔdiàn le ma?

B 已经订了。这次暑假你有什么打算?
Yǐjīng dìngle. Zhè cì shǔjià nǐ yǒu shénme dǎsuàn?

A 我打算一边打工一边学习汉语。
Wǒ dǎsuàn yìbiān dǎgōng yìbiān xuéxí Hànyǔ.

B 祝你度过一个愉快的暑假!
Zhù nǐ dùguò yí ge yúkuài de shǔjià!

표현 Tip

▶ '打算'은 동사, 명사 뜻이 모두 있어요!

'打算'은 동사로서 '~할 계획이다'라는 뜻도 있지만 명사로서 '계획'이라는 뜻도 있습니다. '计划(jìhuà)' 역시 '~할 계획이다', '계획'이라는 뜻이 있으니 '打算' 대신에 사용해도 좋습니다.

입에서 술술! 회화 2 🎧 07-3

호텔에서 체크인하기

A 你好，我在网上预订了两间房。
Nǐ hǎo, wǒ zài wǎngshàng yùdìngle liǎng jiān fáng.

B 您好，请出示一下您的护照。
Nín hǎo, qǐng chūshì yíxià nín de hùzhào.

您是从7号到10号，一共入住三天，是吗?
Nín shì cóng qī hào dào shí hào, yígòng rùzhù sān tiān, shì ma?

A 是的，我打算住三天。
Shì de, wǒ dǎsuàn zhù sān tiān.

B 我得复印一下您的护照，请稍等几分钟。
Wǒ děi fùyìn yíxià nín de hùzhào, qǐng shāo děng jǐ fēnzhōng.

A 好的，Wi-Fi的密码是多少?
Hǎo de, Wi-Fi de mìmǎ shì duōshao?

B 房卡上面有。
Fángkǎ shàngmian yǒu.

这是房卡，请先拿好。
Zhè shì fángkǎ, qǐng xiān náhǎo.

표현 Tip

▶ 'Wi-Fi'는 중국어로 뭐라고 할까요?

'Wi-Fi'는 중국어로 '无线上网(wúxiàn shàngwǎng)'이라고 합니다. 말 그대로 무선인터넷이지요. 하지만 중국 사람들도 'Wi-Fi'는 그냥 영어로 'Wi-Fi'라고 하니, 카페나 호텔에 가시면 어렵지 않게 비밀번호를 물어보실 수 있어요.

실력이 쑥쑥! 문법

01 이미 부사 已经

부사는 술어 앞에 쓰여 동작이나 행위, 상태나 성질 등이 미치는 시간, 범위, 정도 등을 설명합니다. 부사 '已经'은 '이미'라는 뜻으로 시간을 나타내며, 이미 발생한 동작이나 상황에 쓰이기 때문에 '了'와 함께 자주 쓰입니다.

- 电脑已经修好了。 컴퓨터는 이미 다 수리했습니다. [동사 술어 수식]
  Diànnǎo yǐjīng xiūhǎo le.

- 我找到工作了，工作已经两个月了。 [명사 술어 수식]
  Wǒ zhǎodào gōngzuò le, gōngzuò yǐjīng liǎng ge yuè le.
  저는 일을 구했어요. 일한 지 이미 두 달 됐어요.

- 我的感冒已经好多了。 감기는 이미 다 나았어요. [형용사 술어 수식]
  Wǒ de gǎnmào yǐjīng hǎo duō le.

02 한편으로 ~하고 한편으로는 ~하다 접속사 一边……一边……

접속사 '一边……一边……'은 '(한편으로는) ~하면서 (한편으로는) ~하다'라는 뜻으로 두 가지 동작이 동시에 진행될 때 사용합니다.

- 她一边听音乐，一边看书。 그녀는 음악을 들으면서 책을 봐요.
  Tā yìbiān tīng yīnyuè, yìbiān kàn shū.

- 我们一边喝咖啡一边聊天儿。 우리는 커피를 마시면서 이야기를 해요.
  Wǒmen yìbiān hē kāfēi yìbiān liáotiānr.

03 축원하다, 바라다 동사 祝

동사 '祝'는 '축원하다, 바라다'라는 뜻으로 뒤에 축하하는 대상과 내용을 넣어 이야기하면 됩니다.

- 祝你生日快乐！ 생일 축하해요!
  Zhù nǐ shēngrì kuàilè!

- 祝你以后步步高升。 앞으로 승승장구 하시길 바랍니다.
  Zhù nǐ yǐhòu bùbùgāoshēng.

단어 步步高升 bùbùgāoshēng 차츰차츰 승진하다, 승승장구하다

04 ~에서부터 전치사 从

전치사 '从'은 '~에서, ~로부터'라는 뜻으로 동작의 출발점, 출발 시각을 나타냅니다.

- 他们从哪儿来？ 그들은 어디에서 오나요? [장소]
  Tāmen cóng nǎr lái?

- 从昨天晚上开始一直很不舒服。 어제 저녁부터 계속 아프네요. [시간]
  Cóng zuótiān wǎnshang kāishǐ yìzhí hěn bù shūfu.

전치사 '从'은 동사 '到(~로, ~까지 오다)'와 함께 자주 쓰여 시간이나 장소의 범위를 나타냅니다.

- 从2006年到2007年我在北京工作了。 2006년부터 2007년까지 베이징에서 일했어요.
  Cóng èr líng líng liù nián dào èr líng líng qī nián wǒ zài Běijīng gōngzuò le.

- 从这儿到天安门怎么走？ 여기에서 톈안먼까지 어떻게 가요?
  Cóng zhèr dào Tiān'ānmén zěnme zǒu?

05 시간의 양을 나타내는 보어 시량보어

시량사는 동사 뒤에서 시량보어로 쓰여 동작이 지속된 시간의 양을 나타낼 수 있습니다.

- 我等了三天，还要等。 나는 3일을 기다렸는데, 아직도 기다려야 합니다.
  Wǒ děngle sān tiān, hái yào děng.

- 我学汉语学了两年。 저는 중국어를 2년 동안 배웠습니다.
  Wǒ xué Hànyǔ xuéle liǎng nián.

06 결과보어 好

형용사 '好'는 동사 뒤에서 동작의 결과를 나타낼 수 있는 결과보어로 사용할 수 있습니다. 이때 '好'는 '동작의 완료'와 '잘 이루어졌음'을 나타냅니다.

- 大家都准备好了吗？ 모두들 준비 다 됐나요?
  Dàjiā dōu zhǔnbèi hǎo le ma?

- 我已经做好作业了。 저는 이미 과제를 다 했어요.
  Wǒ yǐjīng zuòhǎo zuòyè le.

Tip) 결과보어의 어순은 '주어 + 동사 + 결과보어 + 기타성분' 순이며, 대표적으로 쓰이는 결과보어로는 '到 dào', '见 jiàn', '完 wán', '开 kāi' 등이 있습니다.

중국어 UP! 표현 더하기 +

🎧 07-4

▶▶ 새로운 단어들을 이용해 앞에서 배운 표현을 연습해봅시다.

호텔 숙박 시 유용한 회화 표현은?

① 明天早上可以叫我一下吗? 내일 아침에 모닝콜 좀 해주실 수 있나요?
Míngtiān zǎoshang kěyǐ jiào wǒ yíxià ma?

② 你们酒店几点可以入住? 이 호텔은 몇 시에 체크인이 가능한가요?
Nǐmen jiǔdiàn jǐ diǎn kěyǐ rùzhù?

③ 我用信用卡结算吧。 신용카드로 결제할게요.
Wǒ yòng xìnyòngkǎ jiésuàn ba.

④ 我可以换别的房间吗? 다른 방으로 바꿀 수 있을까요?
Wǒ kěyǐ huàn bié de fángjiān ma?

⑤ 我要退房。 체크아웃 하려고 합니다.
Wǒ yào tuìfáng.

단어 叫 jiào 동 부르다, 호출하다 | 信用卡 xìnyòngkǎ 명 신용카드 | 结算 jiésuàn 동 계산하다 | 退房 tuìfáng 동 체크아웃 하다

중국어 UP! 단어 더하기 +

1. 호텔 관련 단어

| 宾馆 bīnguǎn — (규모가 큰) 호텔 | 饭店 fàndiàn — 호텔 | 前台 qiántái — 프런트 데스크 |

- 宾馆 bīnguǎn (규모가 큰) 호텔
- 饭店 fàndiàn 호텔
- 前台 qiántái 프런트 데스크
- 登记入住 dēngjì rùzhù 체크인 하다
- 退房 tuìfáng 체크아웃 하다
- 小费 xiǎofèi 팁
- 双人间 shuāngrénjiān 더블, 트윈룸
- 标准间 biāozhǔnjiān 일반룸, 더블룸
- 单人间 dānrénjiān 1인실
- 豪华间 háohuájiān 스위트룸
- 叫醒服务 jiàoxǐng fúwù 모닝콜 서비스
- 提供早餐 tígōng zǎocān 조식 제공

2. 항공권 예약 관련 단어

- 单程 dānchéng 편도
- 往返 wǎngfǎn 왕복
- 转机 zhuǎnjī 비행기를 갈아타다
- 出发城市 chūfā chéngshì 출발지
- 到达城市 dàodá chéngshì 도착지
- 起飞时间 qǐfēi shíjiān 출발(이륙)시간
- 到达时间 dàodá shíjiān 도착시간
- 航班时刻表 hángbān shíkèbiǎo 비행기 시간표
- 经济舱 jīngjìcāng 이코노미석
- 头等舱 tóuděngcāng 퍼스트 클래스
- 值机选座 zhíjī xuǎnzuò 좌석 선택
- 退票 tuìpiào 티켓을 환불하다

마무리 쓱쓱! 연습문제

1. 다음 그림에 해당하는 단어를 넣어 대화를 완성해보세요.

①

A 你好，我在网上预订了两间房。
   Nǐ hǎo, wǒ zài wǎngshàng yùdìngle liǎng jiān fáng.

B _____ 。
  _____ .

②

A 你打算什么时候去中国?
   Nǐ dǎsuàn shénme shíhou qù Zhōngguó?

B _____ 。
  _____ .

③

A 这次暑假有什么打算?
   Zhè cì shǔjià yǒu shénme dǎsuàn?

B _____ 。
  _____ .

④

A Wi-Fi的密码是多少?
   Wi-Fi de mìmǎ shì duōshao?

B _____ 。
  _____ .

> **Tip**
> 숫자, 전화번호, 방 번호 등을 발음할 때, 숫자 '一'는 'yī'가 아닌 'yāo'라고 읽습니다.

2. 중국어 문장은 한국어로 번역하고, 한국어 문장은 중국어로 번역해보세요.

① 我打算住三天。

→ _____

② 请稍等几分钟。

→ _____

③ 즐거운 여름방학 보내시길 바랍니다!

→ _____

④ 호텔은 예약했나요?

→ _____

입에 착착! 발음연습 🎧 07-6

▶▶ 전화로 호텔 예약을 해볼까요?

喂，你好！我想预定房间，是标准间。
Wéi, nǐ hǎo! Wǒ xiǎng yùdìng fángjiān, shì biāozhǔnjiān.
안녕하세요? 저는 스탠다드 룸을 예약하고 싶습니다.

入住日期是下个月三号，退房日期是下个月八号，一共五天。
Rùzhù rìqī shì xià ge yuè sān hào, tuìfáng rìqī shì xià ge yuè bā hào, yígòng wǔ tiān.
체크인 날짜는 다음 달 3일, 체크아웃 날짜는 다음 달 8일로 모두 5일입니다.

请提供每天早上六点的叫醒服务和早餐。　매일 아침 6시에 모닝콜과 조식을 제공해주세요.
Qǐng tígōng měitiān zǎoshang liù diǎn de jiàoxǐng fúwù hé zǎocān.

我用信用卡结算吧。谢谢。　신용카드로 결제하겠습니다. 감사합니다.
Wǒ yòng xìnyòngkǎ jiésuàn ba. Xièxie.

퀴즈 퀴즈~ 중국 문화 어렵지 않아요!

1 중국은 유구한 역사와 세계에서 손꼽히는 넓은 국토를 자랑하는 만큼 여행할 곳도 굉장히 많은 나라입니다. 베이징, 상하이, 광저우, 칭다오 등 우리가 잘 아는 대도시 외에도 반드시 가봐야 할 여행지들이 많습니다. 그 중에서도 중국 역사와 문화의 도시인 '시안(西安 Xī'ān)'은 진시황의 '빙마용(兵马俑 Bīngmǎyǒng)', 진시황의 무덤 그리고 당 현종과 그의 애첩 양귀비가 사랑을 나누던 '화칭츠(华清池 Huáqīngchí)' 등 전 세계적으로도 손꼽히는 역사적 산물이 보존되어 있어 많은 관광객들이 방문하고 있습니다. 진시황 하면 떠오르는 이 빙마용을 중국어로 무엇이라고 할까요?

① 阿房宫 (Ēfánggōng)　　② 华清池 (Huáqīngchí)　　③ 兵马俑 (Bīngmǎyǒng)

2 나라마다 그 나라 사람들이 좋아하는 색과 싫어하는 색이 있습니다. 우리나라의 경우에는 흰색을 좋아하고 중국은 빨간색을 좋아하지요. 중국인들이 빨간색을 좋아하는 이유는 빨간색이 '길조, 생명력, 상서로움, 행운, 성공'을 상징하기 때문입니다. 반대로 중국에서 흰색은 '빈곤함, 죽음'을 나타내고, 녹색은 '부정, 불륜'을 나타내기 때문에 싫어한다고 합니다. 그렇다면 여기서 퀴즈, 중국인들이 좋아하는 색 중의 하나로 황제를 의미하는 색인 이 색은 어떤 색일까요?

① 금색　　② 노란색　　③ 검은색

? 진시황은 중국사에서 가장 큰 영향력을 발휘한 인물로 이 진시황의 족적을 따라가보고 싶다면 꼭 가봐야 할 곳이 바로 '시안(西安 Xī'ān)'입니다. 시안은 중국의 6대 고도(古都) 중 하나이며 진시황의 사후를 지키기 위해 만들어진 '빙마용(兵马俑 Bīngmǎyǒng)'으로 유명한 도시입니다. 이 빙마용은 1974년 우물을 파던 한 광부에 의해 발견돼서 발굴이 시작되었으며 그 수가 8,000~1만여 구로 추정된다고 합니다. 세계 8대 기적 중 하나인 이 빙마용은 실제 병사의 크기로 만들어졌으며, 병사들은 저마다 다른 얼굴과 표정을 하고 각기 다른 활과 칼을 들고 있어, 보는 사람으로 하여금 감탄을 자아내게 합니다.

①번의 '어팡꿍(阿房宫 Ēfánggōng)'은 진시황이 기원전 212년에 건립하기 시작한 대규모 황궁입니다. 규모에는 여러 설이 있으나 동서 700m, 남북 약 120m에 이르는 2층 건물로 무려 1만 명이나 수용할 수 있다고 하며, 건설 당시에 죄수 70만 명이 동원되었으나 진시황의 생전에는 완성하지 못했다고 합니다. 우리나라에서도 거대한 규모의 집을 가리킬 때 진시황의 황궁인 이 어팡꿍에 빗대어 말하곤 합니다. 하지만 지금은 안타깝게도 전쟁으로 인해 타버리고 터만 남아있습니다. ②번의 '화칭츠(华清池 Huáqīngchí)'는 당 현종이 양귀비에게 지어준 일종의 목욕탕 같은 곳으로 당 현종과 양귀비가 연애를 한 곳입니다. 저녁에는 이곳에서 거대한 스케일의 역사뮤지컬인 '장한가 가무쇼'가 펼쳐집니다. 이 밖에도 시안은 중국의 역사를 느낄 수 있는 도시이기에 꼭 한번 가봐야 할 여행지라고 할 수 있습니다.

▶ 정답 ③

? 금색은 '金色 jīnsè'라고 하며 황제를 상징하는 색입니다. 이 황금색은 과거 황제나 궁궐의 귀족들이 아니면 사용할 수 없었기 때문에 금색은 중국에서 '부유'를 상징합니다. 그렇기 때문에 중국에서 금색 아이폰이 다른 국가에 비해 더 집중적으로 주문이 몰렸고, 금색 아이폰을 구입하지 못한 소비자들이 프리미엄을 붙여서 구매했다고 하네요. 노란색은 '黄色 huángsè'라고 하는데 서방문화의 영향으로 색정문화를 의미하게 되어 이 '黄色'를 붙이면 '黄色电影 huángsè diànyǐng', '黄色小说 huángsè xiǎoshuō'처럼 각각 '에로영화', '에로소설'을 나타냅니다. 검은색은 불법적인 일을 묘사할 때 사용되어 '黑孩子 hēiháizi', '黑车 hēichē'처럼 각각 '호적이 없는 아이', '불법택시'로 사용됩니다.

▶ 정답 ①

Unit 08

今天又热又潮。

Jīntiān yòu rè yòu cháo.

오늘은 덥고 습해요.

Intro.

날씨는 우리 생활과 밀접한 관련이 있기 때문에 일상생활에서 날씨에 관한 표현을 자주 접할 수 있습니다. 이번 과에서는 다양한 날씨 표현과 비교 표현에 대해서 배워보도록 합니다.

날씨 관련 단어

潮 cháo 형 습하다 | 天气预报 tiānqì yùbào 명 일기예보 | 气温 qìwēn 명 기온 | 晴 qíng 형 맑다 | 阴 yīn 형 흐리다 | 热 rè 형 덥다, 뜨겁다 | 冷 lěng 형 춥다, 차다

비교 표현 관련 단어

差不多 chàbuduō 형 비슷하다 | 比 bǐ 전 ~보다 | 更 gèng 부 더욱

머리에 쏙쏙! 새 단어 🎧 08-1

회화 1

又…又…	yòu… yòu…	~하면서도 ~하다
热	rè	형 덥다, 뜨겁다
潮	cháo	형 습하다
连	lián	접 심지어, ~조차도
风	fēng	명 바람
刮	guā	동 (바람이) 불다
天气预报	tiānqì yùbào	명 일기예보
度	dù	양 도, ℃
晴	qíng	형 맑다
转	zhuǎn	동 바뀌다, 전환하다
阴	yīn	형 흐리다
难怪	nánguài	부 어쩐지
空气	kōngqì	명 공기
开	kāi	동 열다, 켜다
空调	kōngtiáo	명 에어컨

회화 2

跟	gēn	개 ~와(과) [비교의 대상을 이끌 때 쓰임]
差不多	chàbuduō	형 비슷하다
冷	lěng	형 춥다, 차다
比	bǐ	전 ~보다
更	gèng	부 더욱
气温	qìwēn	명 기온
低	dī	형 낮다
零下	língxià	명 영하
带	dài	동 가져가다, 지니다
雨伞	yǔsǎn	명 우산
嗯	Ng	감 응, 그래

입에서 술술! 회화 1

🎧 08-2

💬 오늘 날씨에 대해 이야기하기

A 今天又热又潮，连风也不刮。
Jīntiān yòu rè yòu cháo, lián fēng yě bù guā.

B 天气预报说，今天最高三十五度。
Tiānqì yùbào shuō, jīntiān zuì gāo sānshíwǔ dù.

A 还说什么了？
Hái shuō shénme le?

B 今天晴转阴，下午有雨。
Jīntiān qíng zhuǎn yīn, xiàwǔ yǒu yǔ.

A 难怪空气这么潮。
Nánguài kōngqì zhème cháo.

B 我给你开空调吧。
Wǒ gěi nǐ kāi kōngtiáo ba.

표현 Tip

▶ 중국의 날씨는 어떨까요?

중국의 여름은 굉장히 덥습니다. 베이징 같은 경우에는 여름에 너무 더워서 신발 바닥이 녹을 정도이고, 남쪽은 찌는 듯한 무더위와 더불어 물을 퍼붓듯 세차게 비까지 내리곤 하는데, 중국인들은 그럴 때 '下着倾盆大雨。Xiàzhe qīngpén dàyǔ. (비가 억수같이 내리고 있네.)'라고 말합니다. 겨울에 북쪽은 매우 춥고 건조하지만 남쪽은 최저기온이 영하 2~3도 밖에 되지 않아 북쪽에 비해 춥지는 않습니다. 하지만 난방시설이 제대로 되어있지 않기 때문에 체감하는 날씨는 매우 춥다고 합니다.

입에서 술술! 회화 2

🎧 08-3

💬 오늘 날씨와 어제 날씨 비교하기

A 今天天气怎么样?
Jīntiān tiānqì zěnmeyàng?

B 跟昨天差不多，比昨天冷一点儿。
Gēn zuótiān chàbuduō, bǐ zuótiān lěng yìdiǎnr.

A 今天的气温是多少度?
Jīntiān de qìwēn shì duōshao dù?

B 最低零下五度。听说下午要下雪。
Zuì dī língxià wǔ dù. Tīngshuō xiàwǔ yào xiàxuě.

A 带雨伞了吗?
Dài yǔsǎn le ma?

B 嗯，带了。
Ǹg, dài le.

표현 Tip

▶ '差不多'는 '비슷해'라는 뜻!

'差不多'는 '差(떨어지다, 차이가 나다)'라는 말 뒤에 '많지 않다'라는 의미인 '不多'가 붙어서 '차이가 많이 나지 않는다' 즉, '비슷하다'라는 뜻으로 사용됩니다. 위의 문장처럼 '비슷하다'라는 뜻의 형용사로 사용할 수도 있고, 부사로 사용해서 뒤에 동사나 형용사를 수식할 수 있습니다.

- 实力都差不多。　실력이 모두 비슷비슷해요. [형용사 술어]
  Shílì dōu chàbuduō.

- 雨差不多停了。　비가 거의 그쳤어요. [부사]
  Yǔ chàbuduō tíng le.

실력이 쑥쑥! 문법

01　심지어 ~조차도 ~하다　连……也(都)……

'连……也(都)……'는 '심지어 ~조차도 ~하다'는 뜻으로, 정도를 강조하기 위해 사용하는 표현입니다.

- 他连一个字也不会念。　그는 한 글자도 읽을 줄 몰라요.
  Tā lián yí ge zì yě bú huì niàn.

- 连小孩儿都知道，你怎么不知道？　어린아이조차도 아는데, 너는 왜 모르니?
  Lián xiǎoháir dōu zhīdào, nǐ zěnme bù zhīdào?

02　어쩐지　부사 难怪

부사 '难怪'는 '어쩐지'라는 뜻으로 갑자기 어떤 일의 이유, 원인을 알게 되어서 더 이상 이상하지 않다고 여겨질 때 씁니다.

- 他的爱人是中国人，难怪他的汉语很好。
  Tā de àirén shì Zhōngguórén, nánguài tā de Hànyǔ hěn hǎo.
  그의 아내는 중국 사람이었군요, 어쩐지 그가 중국어를 유창하게 하더라고요.

- 我昨天睡得不太好，难怪今天整天都这么累。
  Wǒ zuótiān shuì de bú tài hǎo, nánguài jīntiān zhěngtiān dōu zhème lèi.
  저는 어제 잠을 잘 못 잤어요, 어쩐지 오늘 하루 종일 이렇게 피곤하더라고요.

03　~와 비슷하다　跟 비교문

'跟……一样(差不多)'은 '~와 똑같다(비슷하다)'라는 뜻으로, 비교문에 쓰여 두 대상이 같거나 비슷함을 나타냅니다.

- 我的电脑跟你的一样。　제 컴퓨터는 당신 것과 똑같아요.
  Wǒ de diànnǎo gēn nǐ de yíyàng.

- 我的意见跟你的差不多。　제 의견은 당신과 비슷해요.
  Wǒ de yìjiàn gēn nǐ de chàbuduō.

단어　念 niàn 동 (소리내어) 읽다 | 小孩儿 xiǎoháir 명 어린아이 | 知道 zhīdào 동 알다, 이해하다 | 爱人 àiren 명 남편 혹은 아내, 애인 | 整天 zhěngtiān 명 하루 종일

04 ~보다 전치사 比

전치사 '比'는 '~보다'라는 뜻으로 두 대상의 성질, 상태 혹은 정도의 차이를 비교하는 문장에 사용됩니다.

- 我比她大。 제가 그녀보다 (나이가) 많아요.
  Wǒ bǐ tā dà.

- 这个手表比那个手表贵。 이 시계가 저 시계보다 비싸요.
  Zhè ge shǒubiǎo bǐ nà ge shǒubiǎo guì.

정도의 차이를 나타낼 때는 절대적 의미를 나타내는 부사 '很', '大', '非常'은 사용할 수 없고, 상대적 의미를 나타내는 '更', '还'만 사용할 수 있습니다.

- 今天比昨天更冷。 오늘은 어제보다 훨씬 추워요.
  Jīntiān bǐ zuótiān gèng lěng.

- 我觉得北京比首尔还热。 제 생각에는 베이징이 서울보다 더 더워요.
  Wǒ juéde Běijīng bǐ Shǒu'ěr hái rè.

술어 뒤에 보어(一点, 一些, 多了, 得多)를 사용해서 정도의 표현을 나타낼 수 있습니다.

- 我比以前瘦了一些。 저는 예전보다 살이 조금 빠졌어요.
  Wǒ bǐ yǐqián shòule yìxiē.

- 中国的人口比韩国多得多。 중국의 인구는 한국보다 훨씬 더 많아요.
  Zhōngguó de rénkǒu bǐ Hánguó duō de duō.

전치사 '比'를 쓰는 비교문의 부정문은 'A 没有 B + 술어' 또는 'A 不比 B + 술어' 형식을 사용합니다. 'A 不比 B + 술어'는 같거나 못한 정도를 의미해서 부정적인 느낌일 때 주로 쓰며, 일반적으로 비교문의 부정이라 하면 'A 没有 B + 술어' 형식을 더 많이 사용합니다. 두 형식은 아래 예문과 같이 약간의 차이가 있습니다.

- 他的汉语没有我好。 그는 중국어를 저보다 잘하지 못해요. [그의 중국어 실력이 나보다 좋지 않다]
  Tā de Hànyǔ méiyǒu wǒ hǎo.

- 他的汉语不比我好。 그는 중국어를 저보다 잘하지 못해요. [잘한다고 생각했는데, 나와 비슷하거나 못하다]
  Tā de Hànyǔ bù bǐ wǒ hǎo.

단어 手表 shǒubiǎo 명 손목시계 | 瘦 shòu 형 마르다 | 人口 rénkǒu 명 인구, 사람, 식구

중국어 UP! 표현 더하기 +

🎧 08-4

>> 새로운 단어들을 이용해 앞에서 배운 표현을 연습해봅시다.

오늘의 날씨는 어떤가요?

① **今天热得要命。** 오늘은 더워 죽겠어요.
Jīntiān rè de yàomìng.

★ '要命'의 쓰임 ▶ 9과 참고

② **哟，冻死了。** 오, 얼어 죽겠어요.
Yō, dòngsǐ le.

③ **跟昨天一样凉快。** 어제처럼 시원해요.
Gēn zuótiān yíyàng liángkuai.

④ **外边开始下雨了。** 밖에 비가 오기 시작했어요.
Wàibian kāishǐ xiàyǔ le.

⑤ **现在还在下雪吗?** 아직도 눈 내리고 있나요?
Xiànzài hái zài xiàxuě ma?

단어 冻 dòng 동 얼다 | 凉快 liángkuai 형 시원하다, 서늘하다 | 外边 wàibian 명 밖, 바깥

중국어 UP! 단어 더하기 +

08-5

1. 날씨 및 기후 관련 단어

气温 qìwēn	气候 qìhòu	干燥 gānzào
기온	기후	건조하다

多云 duōyún	阵雨 zhènyǔ	小雨 xiǎoyǔ
구름이 많다	소나기	가랑비

暴雨 bàoyǔ	闷热 mēnrè	炎热 yánrè
폭우	무덥다	찌는 듯이 덥다

台风 táifēng	冰雹 bīngbáo	打雷 dǎléi
태풍	우박	천둥 치다

2. 가전 제품 관련 단어

电脑 diànnǎo	笔记本电脑 bǐjìběn diànnǎo	智能电视 zhìnéng diànshì
컴퓨터	노트북	스마트 TV

加湿器 jiāshīqì	微波炉 wēibōlú	燃气炉 ránqìlú
가습기	전자레인지	가스레인지

洗衣机 xǐyījī	吸尘器 xīchénqì	净水器 jìngshuǐqì
세탁기	청소기	정수기

冰箱 bīngxiāng	电热水器 diànrèshuǐqì	空气净化器 kōngqì jìnghuàqì
냉장고	전기온수기	공기청정기

마무리 쓱쓱! 연습문제

1. 다음 그림에 해당하는 단어를 넣어 대화를 완성해보세요.

①

A 今天比昨天热吗?
　　Jīntiān bǐ zuótiān rè ma?

B _____。
　_____.

②

A 葡萄比苹果贵吗?
　　Pútao bǐ píngguǒ guì ma?

B _____。
　_____.

③

A 今天天气怎么样?
　　Jīntiān tiānqì zěnmeyàng?

B _____。
　_____.

④

A 你带雨伞了吗?
　　Nǐ dài yǔsǎn le ma?

B _____。
　_____.

2. 중국어 문장은 한국어로 번역하고, 한국어 문장은 중국어로 번역해보세요.

① 今天比昨天冷一点儿。

→ _____

② 难怪空气这么潮。

→ _____

③ 오늘은 덥고 습해요.

→ _____

④ 일기예보에서 말하길, 오늘 맑았다가 흐려진대요.

→ _____

입에 착착! 발음연습 🎧 08-6

>> 날씨에 대해 이야기하는 표현을 배워봐요.

今天又热又潮，连风也不刮。   오늘은 덥고 습하며 심지어 바람도 안 불어요.
Jīntiān yòu rè yòu cháo, lián fēng yě bù guā.

天气预报说，今天晴转阴，下午有雨。
Tiānqì yùbào shuō, jīntiān qíng zhuǎn yīn, xiàwǔ yǒu yǔ.
일기예보에서 말하길, 오늘 맑았다가 흐려지고 오후에 비가 온다고 해요.

今天的最高气温是35度。   오늘의 최고 기온은 35도입니다.
Jīntiān de zuì gāo qìwēn shì sānshíwǔ dù.

明天的天气也跟今天差不多。   내일의 날씨는 오늘과 비슷해요.
Míngtiān de tiānqì yě gēn jīntiān chàbuduō.

퀴즈 퀴즈~ 중국 문화 어렵지 않아요!

1 현재 중국은 모바일 결제 문화가 한국보다 훨씬 더 발달해 있습니다. 흔히 모바일 결제 문화 또는 제3자 결제 방식이라고 하는데요, 대도시뿐만 아니라 시골지역, 길거리 농산물, 길거리 간식, 심지어 택시비 결제까지 모두 이 모바일 결제로 가능하기 때문에 현재 중국 사람들은 현금이나 지갑은 들고 다니지 않고 휴대전화 하나만 들고 외출을 한다고 합니다. 이러한 모바일 결제 시장의 규모가 2016년 기준 5조 달러에 달했다니 모바일 결제가 결제 문화를 바꿔놨다고 해도 과언이 아닙니다. 이 모바일 결제는 그저 비밀번호를 누르거나 혹은 QR코드를 스캔해서 결제하는데요, 그렇다면 이 QR코드를 중국어로 뭐라고 할까요?

① 一维码 (yīwéimǎ)   ② 二维码 (èrwéimǎ)   ③ 三维码 (sānwéimǎ)

  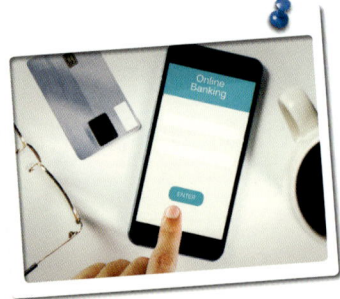

2 중국 여행을 가서 가장 난감한 경우 중 하나가 바로 음식점에서 중국어로 쓰여진 메뉴판을 볼 때 일 것 같습니다. 보기에는 한없이 어려워 보이지만 조리법에 관련된 단어 몇 개만 알아도 메뉴판을 쉽게 볼 수 있습니다. 예를 들어 '爆 bào'가 들어가 있다면 뜨거운 기름 또는 물로 단시간에 튀기거나 데친 것을 이야기하고요, '烤 kǎo'가 있다면 굽는 것을 뜻하는데요, 우리가 잘 알고 있는 '베이징카오야 北京烤鸭'가 바로 그렇지요. 그리고 '炸 zhá'는 튀겨서 조리하는 것을 뜻한답니다. 그렇다면 여기서 퀴즈! 한류로 인해 중국에서도 치맥이 유행이지요. 이 치킨을 중국어로는 뭐라고 할까요? 조리법과 재료를 생각해보세요!

① 煎饼 (jiānbing)   ② 炒饭 (chǎofàn)   ③ 炸鸡 (zhájī)

❓ QR코드는 중국어로 ②번 '二维码 èrwéimǎ'라고 합니다. 말 그대로 2차원 바코드이지요. 한국에서도 지하철 광고 중에 'QR코드를 스캔해보세요'라는 문구와 함께 중국인 관광객들을 위해 따로 '扫一扫二维码 sǎo yi sǎo èrwéimǎ' 라고도 나와 있습니다. 현재 중국에서는 현금도 신용카드도 아닌 이 모바일 결제가 결제 방식의 90% 이상을 차지하고 있다고 해도 과언이 아닐 정도로 거의 모든 곳에서 사용이 되고 있습니다. 대표적인 모바일 결제 시스템으로는 '알리페이(支付宝 Zhīfùbǎo)'와 '위챗머니(微信支付 Wēixìn zhīfù)'가 압도적입니다. 이런 모바일 결제가 급부상한 이유는 신용카드 소득공제 제도가 없고, 현금이나 은행카드보다 직간접적인 혜택이 많으며, 계산대에서 계산하는 시간도 줄일 수 있을 뿐만 아니라, 은행 수수료보다 위챗머니가 더 저렴하여 사업자에게도 환영을 받고 있기 때문입니다. 12일 12일은 알리페이, 8월 8일은 위챗머니의 '현금 안 쓰는 날'인데 이 행사에는 은행들 뿐만 아니라 수많은 업체가 참가하고 심지어 보조금까지 나올 만큼 현재 중국에서는 모바일 결제가 성행하고 있습니다.

▶ 정답 ②

❓ 치킨은 닭을 튀긴 것이므로 정답은 ③번 '炸鸡 zhájī'라고 합니다. 그렇다면 이 외에 또 어떤 조리법들이 있을까요? '煎 jiān'은 기름에 지지거나 부쳐서 조리한 것으로, 대표적인 음식으로는 바로 중국의 전통음식인 ①번 전병(煎饼 jiānbing)이 있습니다. 기름에 반죽을 골고루 펴서 안에 여러 가지 채소를 넣고 싸먹는 음식이지요. '炒 chǎo'는 볶는 조리법으로 대표적인 음식으로는 ②번의 볶음밥(炒饭 chǎofàn)이 있습니다. '煮 zhǔ'는 삶거나 익히는 것을, '拌 bàn'은 버무리고 비비는 것을, '蒸 zhēng'은 찌는 것을, '炖 dùn'은 푹 고아내는 조리법을 말합니다. 따라서 중국요리 메뉴판을 볼 때, 음식 재료가 무엇인지 알고 이런 조리법들을 참고한다면 어렵지 않게 메뉴판을 볼 수 있겠죠?

▶ 정답 ③

你做菜做得非常好。

Nǐ zuòcài zuò de fēicháng hǎo.

당신 요리 정말 잘하네요.

Intro.

중국어로 '요리 참 잘하네요'라는 칭찬은 어떻게 할까요? 또 이와 더불어 손님을 초대해서 식사대접을 할 때 자주 사용되는 인사말에는 무엇이 있을까요? 이번 과에서는 우리말에는 없어서 생소한 정도보어와 초대 관련 인사말에 대해 배워보도록 합니다.

정도보어 관련 단어

流利 liúlì 형 유창하다 | 发音 fāyīn 명 발음 | 标准 biāozhǔn 형 표준적이다 | 得 de 조 술어 뒤에 쓰여 술어의 정도를 나타냄 | 做菜 zuòcài 동 요리를 하다 | 画画儿 huàhuàr 동 그림을 그리다

초대 관련 단어

巧 qiǎo 형 정교하다, 능수능란하다 | 夸奖 kuājiǎng 동 칭찬하다 | 招待 zhāodài 동 대접하다, 환대하다

머리에 쏙쏙! 새 단어

🎧 09-1

회화 1

得	de	조	술어 뒤에 쓰여 술어의 정도를 나타냄
还	hái	부	아직도, 여전히
流利	liúlì	형	유창하다
快…了	kuài…le	부	곧 ~하다
算是	suànshì		~한 셈 치다, ~라 할 만하다
发音	fāyīn	명	발음
标准	biāozhǔn	형	표준적이다

회화 2

尝	cháng	동	맛보다, 시식하다
哇	wā	감	와!
做菜	zuòcài	동	요리를 하다
味道	wèidào	명	맛
…极了	…jíle		(형용사 뒤에 보어로 사용되어) 매우 ~하다
合	hé	동	맞다, 부합하다
口味	kǒuwèi	명	입맛, 구미
画画儿	huàhuàr	동	그림을 그리다
巧	qiǎo	형	정교하다, 능수능란하다
哎呀	āiyā	감	아이고, 저런
夸奖	kuājiǎng	동	칭찬하다
趁	chèn	전	~을 틈타, (시간·기회 등을) 이용하여

Unit 09. 你做菜做得非常好。 107

입에서 술술! 회화 1

🎧 09-2

💬 중국어 실력 칭찬하기

A 我看你说汉语说得真好。
Wǒ kàn nǐ shuō Hànyǔ shuō de zhēn hǎo.

B 哪儿啊，还不太流利。
Nǎr a, hái bú tài liúlì.

A 学了几年了?
Xuéle jǐ nián le?

B 快两年了。
Kuài liǎng nián le.

A 那你算是说得很流利的，发音真标准。
Nà nǐ suànshì shuō de hěn liúlì de, fāyīn zhēn biāozhǔn.

B 谢谢。
Xièxie.

표현 Tip

▶ '算'은 원래 '계산하다, 셈하다'라는 뜻이에요!

'算'은 원래 기본 뜻이 '계산하다, 셈하다'라는 뜻이지만, 본 의미에서 '〜한 셈 치다', '〜라고 간주하다'라는 뜻으로 확장되어 '算是'이라는 단어는 '〜인 셈이다, 〜라 할 만하다'라는 뜻으로 사용됩니다. 그래서 중국어로 '你算什么?'라고 한다면 '네가 뭔데?'라는 뜻입니다.

입에서 술술! 회화 2

🎧 09-3

💬 음식 솜씨 칭찬하기

A 这些都是你做的吗?
Zhèxiē dōu shì nǐ zuò de ma?

B 是的，快尝尝吧。
Shì de, kuài chángchang ba.

A 哇！你做菜做得非常好，味道好极了。
Wā! Nǐ zuòcài zuò de fēicháng hǎo, wèidào hǎo jíle.

这些菜都合我的口味。
Zhèxiē cài dōu hé wǒ de kǒuwèi.

B 谢谢，那就多吃点儿吧。
Xièxie, nà jiù duō chī diǎnr ba.

A 你菜做得好，画儿也画得很好，
Nǐ cài zuò de hǎo, huàr yě huà de hěn hǎo,

你的手真巧。
nǐ de shǒu zhēn qiǎo.

B 哎呀，你太夸奖我了。快，趁热吃吧。
Āiyā, nǐ tài kuājiǎng wǒ le. Kuài, chèn rè chī ba.

표현 Tip

▶ '巧'는 원래 '공교롭다, 딱 맞다'라는 뜻이에요!

'巧'는 원래 '공교롭다, 딱 맞다'라는 뜻으로 '**真巧**'라고 하면 '공교롭네, 딱 맞았네'라는 뜻이지만 앞에 '**手**'라는 단어를 붙여서 이야기하면 '능하다, 정교하다'라는 뜻으로 '손재주가 있다'라고 해석하면 됩니다.

01 ~한 정도가 ~하다 정도보어가 되는 구조조사 得

구조조사 '得'는 동사나 형용사 뒤에서 동작이나 상태가 어느 정도에 도달했는가를 보충 설명을 하는 보어로, 조사이지만 문장에서는 정도보어의 역할을 합니다.

- 你来得真早！ 당신 정말 일찍 왔네요!
  Nǐ lái de zhēn zǎo!

- 她说得非常好。 그녀는 말을 매우 잘해요.
  Tā shuō de fēicháng hǎo.

정도보어가 있는 문장의 어순은 '(동사) + 목적어 + 동사 + 得 + 형용사(정도 표현)'입니다. 이때 목적어 앞에 위치하는 동사는 생략 가능합니다.

- 她(唱)歌唱得很好。 그녀는 노래를 잘해요.
  Tā (chàng)gē chàng de hěn hǎo.

- 我(写)汉字写得不太好。 저는 한자를 잘 못 써요.
  Wǒ (xiě) Hànzì xiě de bú tài hǎo.

또한 동사나 형용사 뒤에 정도보어 '得'를 넣고, 보어 '要命(yàomìng)', '要死(yàosǐ)', '不得了(bùdéliǎo)', '很(hěn)'을 사용하여 '매우 ~하다', '~해 죽겠다'의 의미를 나타낼 수 있습니다.

- 我最近忙得要命。 저는 최근에 너무 바빠요.
  Wǒ zuìjìn máng de yàomìng.

- 今天热得要死。 오늘 정말 더워 죽겠어.
  Jīntiān rè de yàosǐ.

정도보어가 활용된 문장은 다음과 같이 의문형이나 부정형으로 나타낼 수 있습니다.

- 他来得早吗？ 그는 일찍 왔나요?
  Tā lái de zǎo ma?

- 他吃得多不多？ 그는 많이 먹나요?
  Tā chī de duō bu duō?

- 他来得不早。 그는 일찍 오지 않았어요.
  Tā lái de bù zǎo.

- 他吃得不多。 그는 많이 먹지 않아요.
  Tā chī de bù duō.

02 곧 ~이다 부사 快……了

'快'는 형용사로 '빠르다'라는 뜻 외에 '了'와 함께 부사로 쓰이기도 하는데, 이때 부사 '快……了'의 의미는 '곧 ~이다'이며, 머지않아 일어날 상황을 나타냅니다.

- 快暑假了，你有什么打算？ 곧 여름방학이에요, 당신은 무슨 계획이 있나요?
  Kuài shǔjià le, nǐ yǒu shénme dǎsuàn?

- 你再等一会儿，他快回来了。 좀 더 기다려 봐요, 그는 곧 돌아올 거예요.
  Nǐ zài děng yíhuìr, tā kuài huílái le.

만약 시간을 나타내는 말이 문장에 있으면 '快……了'를 쓸 수 없습니다. 이런 경우에는 '快' 대신에 '就'를 사용할 수 있습니다.

- 明天我就回国了。 Míngtiān wǒ jiù huíguó le. 내일 저는 곧 귀국해요.

03 강조의 의미를 나타내요 구조조사 的

구조조사 '的'는 '~의, ~한 것'이라는 뜻 외에도 문장 끝에 쓰여 긍정, 강조의 어투를 나타냅니다.

- 这个手表是朋友送给我的。 이 손목시계는 친구가 저에게 준 것이에요.
  Zhè ge shǒubiǎo shì péngyou sònggěi wǒ de.

- 这个节目主要是讲中国茶文化的。 이 프로그램은 주로 중국의 차 문화를 이야기했어요.
  Zhè ge jiémù zhǔyào shì jiǎng Zhōngguó chá wénhuà de.

04 매우 ~해요 보어 ……极了

'……极了'는 성질이나 상태를 나타내는 형용사나 동사 뒤에 붙어서 그 정도가 심함을 나타냅니다.

- 真是美极了！ 정말 아름답군요!
  Zhēn shì měi jíle!

- 外边冷极了，你多穿衣服。 밖이 매우 추워요, 옷 많이 입으세요.
  Wàibian lěng jíle, nǐ duō chuān yīfu.

단어 节目 jiémù 명 프로그램 | 主要 zhǔyào 형 주요한, 주된 | 文化 wénhuà 명 문화, 교양

중국어 UP! 표현 더하기 +

🎧 09-4

>> 새로운 단어들을 이용해 앞에서 배운 표현을 연습해봅시다.

초대 관련 플러스 표현

① **请进，欢迎你到我家来。** 들어오세요, 저희 집에 오신 걸 환영해요.
   Qǐng jìn, huānyíng nǐ dào wǒ jiā lái.

② **谢谢你的招待。** 당신의 초대에 감사드립니다.
   Xièxie nǐ de zhāodài.

③ **这是我的心意，请收下吧。** 이것은 제 작은 성의니까 받아주세요.
   Zhè shì wǒ de xīnyì, qǐng shōuxià ba.

④ **这是我的拿手菜，趁热吃。**
   Zhè shì wǒ de náshǒu cài, chèn rè chī.
   이것은 제가 가장 잘하는 요리예요, 뜨거울 때 드세요.

⑤ **不知道合不合你的口味。** 당신 입맛에 맞는지 모르겠네요.
   Bù zhīdào hé bu hé nǐ de kǒuwèi.

⑥ **忙什么？多坐一会儿吧。** 뭐가 그리 바쁘세요? 좀 더 앉아있다가 가세요.
   Máng shénme? Duō zuò yíhuìr ba.

단어
招待 zhāodài [동] 대접하다, 환대하다 | 心意 xīnyì [명] 성의 | 拿手 náshǒu [형] (어떤 기술에) 뛰어나다, 능하다

중국어 UP! 단어 더하기 +

1. 맛과 관련된 단어

酸 suān 시다	甜 tián 달다	苦 kǔ 쓰다
辣 là 맵다	咸 xián 짜다	淡 dàn 싱겁다
腥 xīng 비리다	涩 sè 떫다	油腻 yóunì 느끼하다, 기름지다
麻辣 málà 얼얼할 정도로 맵다	松脆 sōngcuì 바삭바삭하다	鲜美 xiānměi 맛이 좋다

2. 식사 도구 관련 단어

筷子 kuàizi 젓가락	叉子 chāzi 포크	勺子 sháozi 숟가락
刀 dāo 칼	杯子 bēizi 컵	碟子 diézi 접시
碗 wǎn 그릇, 공기	盘子 pánzi 쟁반	湿巾 shījīn 물티슈
牙签 yáqiān 이쑤시개	餐巾纸 cānjīnzhǐ 냅킨	吸管 xīguǎn 빨대

마무리 쓱쓱! 연습문제

1. 다음 그림에 해당하는 단어를 넣어 대화를 완성해보세요.

①

A 你菜做得好吗?
　Nǐ cài zuò de hǎo ma?

B _____。
　_____.

②

A 你汉语说得流利吗?
　Nǐ Hànyǔ shuō de liúlì ma?

B _____。
　_____.

③

A 你学汉语学了几年了?
　Nǐ xué Hànyǔ xuéle jǐ nián le?

B _____。
　_____.

④

A 我做的菜怎么样?
　Wǒ zuò de cài zěnmeyàng?

B _____!
　_____!

2. 중국어 문장은 한국어로 번역하고, 한국어 문장은 중국어로 번역해보세요.

① 你说汉语说得真好。

→ _____

② 你菜做得好，画儿也画得很好。

→ _____

③ 당신 발음이 정말 정확하네요.

→ _____

④ 당신은 중국어를 몇 년 동안 배웠나요?

→ _____

입에 착착! 발음연습 🎧 09-6

>> 다음 문장을 큰 소리로 읽어보세요.

王兰菜做得很好。　　왕란은 음식을 매우 잘해요.
Wáng Lán cài zuò de hěn hǎo.

今天她做的是中国人的家常菜。　　오늘 그녀가 만든 것은 중국인의 일상 가정요리예요.
Jīntiān tā zuò de shì zhōngguórén de jiāchángcài.

我从来没吃过那么好吃的菜。　　저는 지금껏 이렇게나 맛있는 음식을 먹어본 적이 없어요.
Wǒ cónglái méi chīguo nàme hǎochī de cài.

那些菜味道好极了，都合我的口味。　　그 음식들은 매우 맛있고, 모두 제 입맛에 맞아요.
Nà xiē cài wèidào hǎo jíle, dōu hé wǒ de kǒuwèi.

퀴즈 퀴즈~ 중국 문화 어렵지 않아요!

1 중국은 집으로 손님을 초대할 때 놀랄 만큼 다양한 요리를 준비합니다. 재료도 가장 귀한 것들로, 식기도 가장 예쁜 것들로, 최선을 다해서 대접하지요. 상차림은 크게 차가운 요리(凉菜 liángcài)로 시작해서 메인요리(主菜 zhǔcài), 밥이나 면 등이 나오는 주식(主食 zhǔshí), 그리고 마지막으로 탕(汤 tāng)이나 국 순으로 나옵니다. 차가운 요리는 일반적으로 손님이 상에 앉기 전에 미리 올려놓고 손님이 착석한 후에는 메인 요리와 탕을 차례로 올립니다. 주식은 북쪽은 면이나 만토우(馒头 mántou)를 남쪽에서는 주로 쌀밥을 먹습니다. 음료는 주스, 바이주(白酒 báijiǔ) 그리고 요즘은 와인도 많이 먹는 편이며, 후식으로는 주로 과일과 달달한 과자들이 올라옵니다. 그렇다면 집이 아닌 식당에서 대접할 땐 어떨까요? 여기서 퀴즈! 식탁에 앉을 때 호스트, 혹은 식사 결제를 할 사람은 어디에 앉을까요?

① 가장 안쪽 ② 자기 마음대로 ③ 출입구에서 가장 가까운 곳

2 우리나라에 한복이 있듯이 중국에도 전통의상이 있습니다. 바로 '치파오(旗袍 qípáo)'라고 불리는 중국 여성이 입는 원피스 모양의 의복입니다. 원래 이 치파오는 만주족 여성의 전통의상이었으나 20세기 초, 중화민국(현 대만 정부)의 복식 디자이너가 만주족 여성의 의복에 서양의 문화를 접목하여 설계한 의상입니다. 둥근 깃이 달리고 그 깃 아랫부분부터 오른쪽 겨드랑이까지 나있는 절개 부분을 끈 매듭 단추로 잠그는 모양을 하고 있어 대단한 관능미를 불러일으킵니다. 영화 '색계(色, 戒 Sè, Jiè)'에서 '탕웨이(汤唯 Tāng Wéi)'가 입은 치파오 패션이 한때 유행하기도 했었는데요, 그렇다면 이 치파오 말고 '탕좡(唐装 tángzhuāng)'이란 무엇일까요?

① 일반 옷 ② 당나라 옷 ③ 중국식 복장의 통칭

  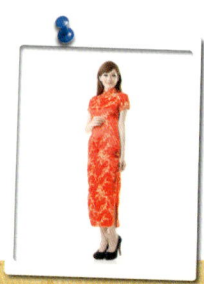

? 일반적으로 호스트는 출입구를 정면에서 바라볼 수 있는 가장 안쪽에 앉고 주빈들은 호스트의 오른쪽과 왼쪽에 번갈아 가면서 앉습니다. 일반적으로 주인이 앉는 자리의 오른쪽에는 초대 받은 사람 중 최고 지위의 주빈이 앉고, 왼쪽으로는 두 번째 지위에 있는 사람이 앉습니다. 만약 비즈니스 업무로 식사를 대접하여 통역이나 비서가 같이 동행을 할 경우에는 호스트 맞은 편에는 비서가, 통역이나 기사는 주빈들이 다 앉은 뒤 그 옆에 앉습니다. 호스트나 비서 자리에는 수저와 젓가락이 각각 두 개씩 놓여있는데 이것은 요리를 권하기 위함입니다. 대접을 할 때는 생선을 반드시 주문해야 하며 생선 머리는 주빈을 향하게 해야 합니다. 또한, 중국에서 음식을 남김없이 싹 먹는 것은 음식이 부족하다는 의미이므로 음식을 조금 남기는 게 예의입니다. 식사 초대를 받으면 차후에 상대방을 다시 초대하는 것이 좋으며, 초대할 때는 가족 동반 초대가 더 좋습니다. 또한, 중국인이 손님을 집으로 초대하는 것은 최고의 환대이니 초대 받을 때는 이에 화답할 수 있는 선물을 사가지고 가는 것이 좋습니다.

▶ 정답 ①

? '탕좡(唐装 tángzhuāng)'은 광의적으로 말해 중국식 복장의 통칭입니다. 이 명칭의 유래는 이렇습니다. 주로 서방 국가에 화교들이 거주하는 곳, 즉 차이나타운을 '唐人街 Táng rén Jiē'라고 불렀는데, 그때 화교들이 입은 옷이 자연스럽게 '탕좡(唐装 tángzhuāng)'이 된 것입니다. 이 '唐装'의 '당(唐)'은 중국의 당나라를 말합니다. 한나라 때는 서역과의 교역이 많았고 서양의 문화교류에서 중요한 역할을 했던 실크로드 역시 한나라 때 개척됐지만, 당나라 때 이 실크로드를 통해 서양에 중국의 비단이 전해졌기 때문에 서양에서는 중국을 이야기할 때 '당(唐)'과 관련된 어휘를 종종 활용합니다.

▶ 정답 ③

Unit 10

你把手机放在哪儿了?

Nǐ bǎ shǒujī fàngzài nǎr le?

당신은 휴대전화를 어디에 두었나요?

Intro.

중국어는 모든 문장을 다 '주어 + 술어 + 목적어' 형식으로만 이야기할까요? 또 중국어에도 능동과 피동의 개념이 있을까요? 이번 과에서는 중국어 문형 중 특수문형에 해당하는 '把'자문과 '被'자문에 대해 배워보도록 합니다.

'把'자문 관련 단어

把 bǎ [전] ~을, ~를 [목적어를 동사 앞으로 끌어내어 처치(处置)를 나타냄] | 钥匙 yàoshi [명] 열쇠 | 掉 diào [동] 떨어지다, 빠뜨리다

'被'자문 관련 단어

被 bèi [전] ~에 의하여 [피동을 나타냄] | 关机 guānjī [동] 전화를 끄다 | 偷 tōu [동] 훔치다

머리에 쏙쏙! 새 단어

회화 1

把	bǎ	전 ~을, ~를 [목적어를 동사 앞으로 끌어내어 처치(处置)를 나타냄]
放	fàng	동 놓다
沙发	shāfā	명 소파
奇怪	qíguài	형 기이하다, 이상하다
可能	kěnéng	부 아마도
掉	diào	동 떨어지다, 빠뜨리다
下去	xiàqù	내려가다 [술어 뒤에 보어로 쓰임]
怕	pà	동 걱정하다
不着	bùzháo	(동사 뒤에 놓여서) ~하지 못하다

회화 2

高兴	gāoxìng	형 기쁘다, 즐겁다
手机	shǒujī	명 휴대전화
被	bèi	전 ~에 의하여 [피동을 나타냄]
偷	tōu	동 훔치다
接	jiē	동 (전화를) 받다
打	dǎ	동 (전화를) 걸다
关机	guānjī	동 전화를 끄다
挂失	guàshī	동 분실 신고를 하다
倒霉	dǎoméi	형 재수 없다, 운수 사납다

입에서 술술! 회화 1

🎧 10-2

잃어버린 물건 찾기

A 你把手机放在哪儿了？怎么不见了？
Nǐ bǎ shǒujī fàngzài nǎr le? Zěnme bú jiàn le?

B 我把它放在沙发上了，你再找找吧。
Wǒ bǎ tā fàngzài shāfā shang le, nǐ zài zhǎozhao ba.

A 真奇怪，沙发上没有啊。
Zhēn qíguài, shāfā shang méiyǒu a.

B 那你看看沙发下边，可能掉下去了。
Nà nǐ kànkan shāfā xiàbian, kěnéng diàoxiàqù le.

A 找到了，在沙发下边呢。
Zhǎodào le, zài shāfā xiàbian ne.

B 你把它放在桌子上吧。
Nǐ bǎ tā fàngzài zhuōzi shang ba.

我怕又找不着。
Wǒ pà yòu zhǎobuzháo.

표현 Tip

▶ '不见'은 '안 본다' 아닌가요?

'不见'은 한자 그대로 해석하면 '안 본다'라는 뜻이지만 회화에서 변화의 '了'와 함께 쓰여 '不见了'라고 하면 '안 보이게 되었다' 즉, '없어졌다'라는 뜻입니다. 물건이 없어졌을 때도, 자고 일어났더니 여드름이 없어졌을 때도 모두 '不见了'라고 합니다.

입에서 술술! 회화 2

휴대전화 분실 신고하기

A 你怎么不高兴?
Nǐ zěnme bù gāoxìng?

B 我的手机被偷走了。
Wǒ de shǒujī bèi tōuzǒu le.

A 你先给自己打电话，看看有没有人接。
Nǐ xiān gěi zìjǐ dǎ diànhuà, kànkan yǒu méiyǒu rén jiē.

B 已经打过了，被关机了。
Yǐjīng dǎguo le, bèi guānjī le.

A 哎呀，那你快点儿挂失吧。
Āiyā, nà nǐ kuài diǎnr guàshī ba.

B 我今天真倒霉!
Wǒ jīntiān zhēn dǎoméi!

표현 Tip

▶ '过了'는 뭔가요?

'过'는 동사 뒤에 쓰여 '~한 적이 있다'라는 경험을 나타내고 '了'는 '~했다'라는 완료를 나타냅니다. 이 '过了'는 한 단어가 아닌 '过' 자체에 '~했다'라는 완료의 의미가 있고, '了'는 어기조사로 문장 마지막에 쓰여 주관적인 뉘앙스를 나타낸다고 보면 됩니다. 중국 사람들에게 '吃了吗?'라고 물어보면 '吃过了'라고 답변이 돌아오는 것도 같은 맥락이라고 보면 됩니다.

실력이 쑥쑥! 문법

01 동작의 처치, 행위의 결과를 강조해요 把자문

'把'자문이란 전치사 '把'를 사용하여 어떤 사물에 어떤 동작을 가했는지 그 행위를 강조하거나, 처리의 결과를 강조할 때 사용하며 기본 형식은 '주어 + 把 + 목적어 + 서술어 + 기타성분'입니다.

- 我把这本书看完了。 저는 이 책을 다 읽었어요.
  Wǒ bǎ zhè běn shū kànwán le.

- 请把窗户打开。 창문을 열어주세요.
  Qǐng bǎ chuānghu dǎkāi.

'把'자문을 사용하고자 할 때는 특히 다음과 같은 점을 주의해야 합니다.

❶ '把' 자문은 동작의 행위 또는 결과를 강조하기 때문에 동사만 단독으로 쓸 수 없고, 동사 뒤에 다른 기타성분이 반드시 와야 합니다.

- 我把中国菜做好了。 저는 중국요리를 다 만들었어요. [결과보어]
  Wǒ bǎ Zhōngguócài zuòhǎo le.

- 我要把这件衣服退了。 저는 이 옷을 교환하려고 합니다. [어기조사 了]
  Wǒ yào bǎ zhè jiàn yīfu tuì le.

- 你把你的房间打扫一下吧。 너 네 방 좀 청소해라. [동량사 一下]
  Nǐ bǎ nǐ de fángjiān dǎsǎo yíxià ba.

- 请把你们的要求说说吧。 여러분의 요구를 좀 말해주세요. [동사 중첩]
  Qǐng bǎ nǐmen de yāoqiú shuōshuo ba.

- 请把护照给我看看。 여권을 저에게 보여주세요. [동사 중첩]
  Qǐng bǎ hùzhào gěi wǒ kànkan.

❷ 목적어는 화자가 생각하는 확정적인 것이어야 하며, 임의의 불특정한 목적어는 올 수 없습니다.

- 他把那本书借走了。 (O) 그는 그 책을 빌려 갔어요.
  Tā bǎ nà běn shū jièzǒu le.

- 他把一本书借走了。 (X)
  Tā bǎ yì běn shū jièzǒu le.

단어 打开 dǎkāi 동 열다, 펼치다 | 退 tuì 동 반환하다, 무르다 | 打扫 dǎsǎo 동 청소하다 | 要求 yāoqiú 명 요구 동 요구하다 | 借 jiè 동 빌리다, 빌려주다

02 피동을 나타내요 被자문

전치사 '被'가 들어간 '被'자문은 주어인 대상이 동사가 나타내는 동작의 영향을 받아 피동의 의미를 나타내는 문장을 말합니다. 기본 형식은 '주어 + 被 + 목적어 + 술어 + 기타성분'입니다. 여기서 주어는 행위의 대상이며, 목적어는 행위의 주체가 됩니다.

- 衣服被风刮跑了。 옷이 바람에 날아가 버렸어요.
  Yīfu bèi fēng guāpǎo le.

- 他被老师批评过。 그는 선생님에게 혼난 적이 있어요.
  Tā bèi lǎoshī pīpíngguo.

'被'자문을 사용하고자 할 때는 특히 다음과 같은 점을 주의해야 합니다.

❶ '被'자문의 주어는 반드시 특정적, 구체적인 것이어야 합니다.

- 钥匙被他弄丢了。 열쇠는 그에 의해 분실되었어요.
  Yàoshi bèi tā nòngdiū le.

- 刚洗完的衣服被小狗弄脏了。 방금 세탁한 옷이 강아지에 의해 더러워졌어요.
  Gāng xǐwán de yīfu bèi xiǎogǒu nòngzāng le.

❷ '被'자문 역시 술어 뒤에는 반드시 기타성분이 와야 합니다.

- 黑板被我擦得很干净。 칠판이 나에 의해 깨끗이 닦였어요. [정도보어]
  Hēibǎn bèi wǒ cā de hěn gānjìng.

- 猫被邻居关了一个小时了。 고양이는 이웃에 의해 한 시간 동안 갇혀 있었어요. [시량보어]
  Māo bèi línjū guānle yí ge xiǎoshí le.

❸ '被'자문의 목적어는 행위의 주체를 알 수 없거나 (행위의 주체를) 알 필요가 없을 때 생략이 가능합니다.

- 我被拒绝了。 저는 거절당했어요.
  Wǒ bèi jùjué le.

- 我被打了。 저는 맞았어요.
  Wǒ bèi dǎ le.

단어 批评 pīpíng 동 꾸짖다 | 钥匙 yàoshi 명 열쇠 | 小狗 xiǎogǒu 명 강아지 | 弄脏 nòngzāng 동 더럽히다 | 黑板 hēibǎn 명 칠판 | 擦 cā 동 닦다 | 猫 māo 명 고양이 | 邻居 línjū 명 이웃 | 拒绝 jùjué 동 거절하다 | 打 dǎ 동 (손이나 기구를 이용하여) 치다, 때리다

중국어 UP! 표현 더하기 ＋   🎧 10-4

>> 새로운 단어들을 이용해 앞에서 배운 표현을 연습해봅시다.

'把'자문과 '被'자문을 연습해보아요

❶ **我把衣服洗得很干净。** 저는 옷을 깨끗이 세탁했어요.
Wǒ bǎ yīfu xǐ de hěn gānjìng.

衣服被我洗得很干净。 옷이 나에 의해 깨끗이 세탁되었어요.
Yīfu bèi wǒ xǐ de hěn gānjìng.

❷ **小偷把我的自行车偷走了。** 도둑이 제 자전거를 훔쳐가 버렸어요.
Xiǎotōu bǎ wǒ de zìxíngchē tōuzǒu le.

我的自行车被小偷偷走了。 제 자전거는 도둑에게 도둑맞았어요.
Wǒ de zìxíngchē bèi xiǎotōu tōuzǒu le.

❸ **我已经把面包吃光了。** 저는 이미 빵을 다 먹었어요.
Wǒ yǐjīng bǎ miànbāo chīguāng le.

面包已经被我吃光了。 빵은 이미 제가 다 먹어버렸어요.
Miànbāo yǐjīng bèi wǒ chīguāng le.

중국어 UP! 단어 더하기 +

🎧 10-5

1. 컴퓨터 관련 단어

主机 zhǔjī 본체	显示器 xiǎnshìqì 모니터	键盘 jiànpán 키보드
鼠标 shǔbiāo 마우스	黑客 hēikè 해커	病毒 bìngdú 바이러스
搜索 sōusuǒ 검색	下载 xiàzǎi 다운로드	登陆 dēnglù 로그인
退出 tuìchū 로그아웃	用户名 yònghùmíng ID	密码 mìmǎ 패스워드

2. 전화 관련 단어

智能手机 zhìnéng shǒujī 스마트폰	电话号码 diànhuà hàomǎ 전화번호	打电话 dǎ diànhuà 전화 걸다
来电话 lái diànhuà 전화 오다	接电话 jiē diànhuà 전화 받다	挂电话 guà diànhuà 전화를 끊다
占线 zhànxiàn 통화 중이다	短信 duǎnxìn 문자메시지	留言 liúyán 메모를 남기다
回电话 huí diànhuà 다시 전화하다	国际电话 guójì diànhuà 국제전화	SIM卡 sim kǎ USIM

마무리 쓱쓱! 연습문제

1. 다음 그림에 해당하는 단어를 넣어 대화를 완성해보세요.

①

A 你怎么不高兴?
Nǐ zěnme bù gāoxìng?

B _____。
_____.

②

A 你把手机放在哪儿了?
Nǐ bǎ shǒujī fàngzài nǎr le?

B _____。
_____.

③

A 我的手机被偷走了。
Wǒ de shǒujī bèi tōuzǒu le.

B _____。
_____.

④

A 谁把我的面包吃光了?
Shéi bǎ wǒ de miànbāo chīguāng le?

B _____。
_____.

126

2. 중국어 문장은 한국어로 번역하고, 한국어 문장은 중국어로 번역해보세요.

① 我把手机放在沙发上了。

→ _____

② 可能掉下去了。

→ _____

③ 제 전화를 도둑맞았어요.

→ _____

④ 제 전화기는 꺼져있어요.

→ _____

입에 착착! 발음연습　　　🎧 10-6

>> 신애의 일기를 큰 소리로 읽어보세요.

我今天很不高兴。　저는 오늘 기분이 정말 좋지 않아요.
Wǒ jīntiān hěn bù gāoxìng.

因为我的手机不见了。　왜냐하면 제 휴대전화가 없어졌기 때문이에요.
Yīnwèi wǒ de shǒujī bú jiàn le.

上课的时候，我把手机放在桌子上了，　수업할 때, 제 휴대전화를 책상 위에 두었는데,
Shàngkè de shíhou, wǒ bǎ shǒujī fàngzài zhuōzi shang le,

但休息时间去洗手间回来发现，我的手机不见了。
dàn xiūxi shíjiān qù xǐshǒujiān huílái fāxiàn, wǒ de shǒujī bú jiàn le.
쉬는 시간에 화장실에 갔다 돌아와서 제 휴대전화가 보이지 않는다는 것을 발견했어요.

今天我真倒霉。　오늘 저는 정말 재수가 없어요.
Jīntiān wǒ zhēn dǎoméi.

퀴즈 퀴즈~ 중국 문화 어렵지 않아요!

1 새벽이나 저녁에 중국의 공원에 가면 중국 사람들이 나와서 운동하는 모습을 어렵지 않게 볼 수 있습니다. 우리나라처럼 조깅을 하기도 하지만 중국 사람들은 부채를 들고 샨즈우(扇子舞 Shànziwǔ)를 추거나 노래를 틀어놓고 광챵우(广场舞 Guǎngchǎngwǔ)를 추고 있는 것을 볼 수 있을 겁니다. 중국은 건강을 중요시하기 때문에 찬물 대신 따뜻한 물을 마시는 습관이 있는 것 외에도 이렇게 운동을 생활화하여 건강을 관리합니다. 그렇다면 여기서 퀴즈! 중국을 대표하는 무술, 중국의 국민체조인 태극권을 중국어로 무엇이라고 할까요?

① 太极拳 (tàijíquán)　　② 跆拳道 (táiquándào)　　③ 乒乓球 (pīngpāngqiú)

2 중국의 대학생활은 우리나라보다 더 단순하다고 할 수 있습니다. 일반적으로 아르바이트를 하지 않고 아르바이트 할 시간에 공부를 하며, 휴학을 하지 않고 입학과 동시에 4학년까지 쭉 다니다가 졸업합니다. 또한 MT문화가 없어서 기숙사에서 친구들과 함께 인터넷을 하거나 간단히 맥주를 마시며 이야기 하는 정도가 전부입니다. 중국 대학생들은 우리나라 대학생들에 비해 마치 고등학생처럼 정해진 시간표에 따라 수업만 듣는 정도로 단순한데요, 그렇다면 여기서 퀴즈! 중국 대학생들의 아르바이트 시급은 얼마일까요?

① 20위안 이상　　② 11~13위안　　③ 30위안 이상

? 태극권은 중국어로 ①번 '太极拳 tàijíquán'이라고 합니다. 태극권은 역대 각 문파의 권법(拳法)을 종합하고, 고대 도가의 양생술과 나쁜 기를 뱉고 좋은 기를 마시는 기술인 토납법(吐纳法)을 결합한 권법입니다. 또한 고전철학과 전통 중의(中医)이론을 받아들여 신체와 정신을 두루 단련시키는 주먹쓰기 기술을 가리킵니다. 태극권은 도가, 도교 사상과 깊은 연관이 있으며 남의 힘을 빌어 남의 힘을 치고, 부드러운 것으로 강한 것을 이긴다는 사상으로 중국의 고유한 문화의 정화라고 할 수 있습니다.
②번의 '跆拳道 táiquándào'는 '태권도'로 최근에 중국에서도 태권도의 인기가 많아져서 태권도 교실을 어렵지 않게 찾아볼 수 있습니다. ③번의 '乒乓球 pīngpāngqiú'는 탁구로 배드민턴과 함께 중국에서 사랑받는 스포츠 종목 중 하나입니다.

▶ 정답 ①

? 답은 ②번 '11~13위안'입니다. 이 금액은 2017년 대도시 커피숍 기준으로, 대부분 아르바이트 시급이 낮은 편입니다. 또한 아르바이트를 하면 세금도 내야 하는데 세금이 20%나 됩니다. 이렇게 아르바이트 시급이 낮은 이유는 서비스직 직원의 월급이 2,500~3,000위안 정도로 낮기 때문에 고용주 입장에서 굳이 관리가 필요한 아르바이트생을 고용할 필요가 없기 때문입니다. 물론 중국은 대학 등록금, 기숙사비, 식비 등이 낮긴 하지만 그래도 그 금액을 아르바이트 임금만으로 충당할 수 없기에 부모님의 도움을 받을 수 밖에 없는 현실입니다. 최근 중국 대학가에서는 대학생 '얼나이(二奶 èrnǎi 두 번째 가슴이라는 뜻으로 첩을 나타냄)' 풍조가 성행하여 하나의 사회 문제로 대두되기도 했습니다. 이 '얼나이'들은 한 달에 개인별 용돈과 생활비를 합친 비용으로 최소 10만 위안 (1,700만 원)에서 최대 65만 위안(1억 850만 원)을 받습니다. 이런 이유 때문인지 저녁시간에 중국의 웬만한 대학교 앞에는 엄청난 외제차들이 줄 서서 기다리고 있다고 할 정도로 그 문화가 성행하고 있다고 하는데요, 이는 참 씁쓸한 일입니다.

▶ 정답 ②

문법 정리하기

1 조동사

(1) 能 `1과 6과` , 会 `2과 6과` , 可以 `6과`

조동사 '会', '能', '可以'는 모두 동사 앞에 쓰여 '~할 수 있다'라는 의미를 나타내지만 용법이 조금씩 다릅니다.

① 能
조동사 '能'은 '(능력, 상황이 돼서) ~할 수 있다'라는 뜻을 나타냅니다.

> [예] 你现在能帮我一下吗? 당신 지금 나를 좀 도와줄 수 있나요?
> Nǐ xiànzài néng bāng wǒ yíxià ma?
>
> 我今天不能去上课。 저는 오늘 수업에 갈 수 없어요.
> Wǒ jīntiān bù néng qù shàngkè.

또한 '能'은 '可以'처럼 '~해도 된다'라는 허락의 뜻을 나타내기도 합니다.

> [예] 这儿能照相吗? 여기서 사진을 찍어도 되나요?
> Zhèr néng zhàoxiàng ma?
>
> 没有发票，不能退。 영수증이 없으면 환불할 수 없습니다.
> Méiyǒu fāpiào, bù néng tuì.

② 会
조동사 '会'는 '(배워서) ~할 수 있다'라는 뜻으로 뒤에 대부분 외국어나 스포츠와 관련된 내용이 옵니다.

> [예] 我会开车。 저는 운전할 줄 알아요.
> Wǒ huì kāichē.
>
> 你会游泳吗? 당신은 수영할 줄 아나요?
> Nǐ huì yóuyǒng ma?

또한 조동사 '会'는 '~일 것이다'라는 뜻으로 추측을 나타내기도 하는데, 이때는 문장 마지막에 '的'를 쓰기도 합니다.

> [예] 明天不会下雨。 내일 비가 올 리 없어요.
> Míngtiān bú huì xiàyǔ.
>
> 他不会来的。 그가 올 리 없어요.
> Tā bú huì lái de.

③ 可以

조동사 '可以'는 주로 '(허가, 허락이 되어) ~할 수 있다'는 뜻을 나타냅니다.

> 예) 我可以进去吗? 제가 들어가도 될까요?
> Wǒ kěyǐ jìnqù ma?
>
> 这里可以买往返票吗? 여기에서 왕복표를 살 수 있나요?
> Zhèlǐ kěyǐ mǎi wǎngfǎnpiào ma?

조동사 '会', '能', '可以'의 부정을 나타낼 때는 조동사 앞에 '不'를 씁니다.

> 예) 我不会做中国菜。 저는 중국요리를 할 줄 몰라요.
> Wǒ bú huì zuò Zhōngguócài.
>
> 明天我不能去。 내일 저는 못 가요.
> Míngtiān wǒ bù néng qù.
>
> 这儿不可以抽烟。 여기서는 담배를 피울 수 없습니다.
> Zhèr bù kěyǐ chōuyān.

(2) 应该 1과

조동사 '应该'는 '(마땅히) ~해야 한다'는 당위를 나타냅니다.

> 예) 学生应该努力学习。 학생은 마땅히 열심히 공부해야 합니다.
> Xuésheng yīnggāi nǔlì xuéxí.
>
> 你不应该抽烟。 당신은 담배를 피워서는 안 돼요.
> Nǐ bù yīnggāi chōuyān.

(3) 得 6과

조동사 '得'는 '~해야 한다'라는 뜻으로 당위를 나타냅니다. '应该'보다 다소 어투가 강합니다.

> 예) 你得努力学习。 당신은 열심히 공부해야 해요.
> Nǐ děi nǔlì xuéxí.
>
> 你得好好儿学汉语。 당신은 중국어를 잘 배워야 해요.
> Nǐ děi hǎohāor xué Hànyǔ.

2 부사

(1) 在 3과

부사 '在'는 주어 뒤, 동사 앞에 쓰여 '~하고 있는 중이다'라는 의미를 나타냅니다. 진행의 어감을 강조하기 위해 문장 마지막에 어기조사 '呢'를 쓰기도 합니다. 형식은 '주어 + 在 + 술어 + 呢'입니다.

> 예) 他在打工呢。 그는 아르바이트를 하고 있는 중이에요.
> Tā zài dǎgōng ne.
>
> 她最近在找工作呢。 그녀는 요즘 일을 구하고 있는 중이에요.
> Tā zuìjìn zài zhǎo gōngzuò ne.

'在' 대신에 부사 '正在'를 쓰기도 하는데, 이 경우에도 역시 동작의 진행을 나타냅니다. 형식은 '주어 + (正)在 + 술어 + 呢'입니다.

> 예) 我(正)在看新闻呢。 Wǒ (zhèng)zài kàn xīnwén ne. 저는 뉴스를 보고 있어요.
>
> 她(正)在喝茶呢。 Tā (zhèng)zài hē chá ne. 그녀는 차를 마시고 있는 중이에요.

동작의 진행을 나타냄에 있어 '~에서'의 의미를 나타내는 전치사 '在'와 같이 사용할 경우 '在'는 한 번만 사용하며 이때 '在'는 전치사의 의미를 나타냅니다. 이런 경우, 진행의 의미를 나타내기 위해 문장 마지막에 어기조사 '呢'를 사용하기도 합니다. 형식은 '주어 + 在 + 명사 + 술어 + (목적어) + 呢'입니다.

> 예) 她在咖啡厅喝咖啡呢。 그녀는 커피숍에서 커피를 마시고 있어요.
> Tā zài kāfēitīng hē kāfēi ne.
>
> 我在地铁站门口等你呢。 저는 지하철역 입구에서 당신을 기다리고 있어요.
> Wǒ zài dìtiězhàn ménkǒu děng nǐ ne.

(2) 就 6과

부사 '就'는 '바로, 곧'이라는 뜻으로 곧 발생할 것임을 강조할 때 사용됩니다.

> 예) 走五分钟就到了。 5분만 걸어가면 바로 도착해요.
> Zǒu wǔ fēnzhōng jiù dào le.
>
> 你现在就去吧。 당신 지금 바로 가세요.
> Nǐ xiànzài jiù qù ba.

> Tip) '就'와 대조적인 의미의 '才'는 '겨우, 이제서야'라는 의미를 가집니다.

(3) 已经 7과

부사 '已经'은 '이미'라는 뜻으로 시간을 나타내며, 이미 발생한 동작이나 상황에 쓰이기 때문에 '了'와 함께 자주 쓰입니다.

> 예 电脑已经修好了。 컴퓨터는 이미 다 수리했습니다. [동사 술어 수식]
> Diànnǎo yǐjīng xiūhǎo le.
>
> 我找到工作了，工作已经两个月了。
> Wǒ zhǎodào gōngzuò le, gōngzuò yǐjīng liǎng ge yuè le.
> 저는 일을 구했어요, 일한 지 이미 두 달 됐어요. [명사 술어 수식]
>
> 我的感冒已经好多了。 감기는 이미 다 나았어요. [형용사 술어 수식]
> Wǒ de gǎnmào yǐjīng hǎo duō le.

(4) 难怪 8과

부사 '难怪'는 '어쩐지'라는 뜻으로 갑자기 어떤 일의 이유, 원인을 알게 되어서 더 이상 이상하지 않다고 느낄 때 씁니다.

> 예 他的爱人是中国人，难怪他的汉语很好。
> Tā de àirén shì Zhōngguórén, nánguài tā de Hànyǔ hěn hǎo.
> 그의 아내는 중국 사람이었군요, 어쩐지 그가 중국어를 유창하게 하더라고요.
>
> 我昨天睡得不太好，难怪今天整天都这么累。
> Wǒ zuótiān shuì de bú tài hǎo, nánguài jīntiān zhěngtiān dōu zhème lèi.
> 저는 어제 잠을 잘 못 잤어요, 어쩐지 오늘 하루 종일 이렇게 피곤하더라고요.

(5) 快……了 9과

'快'는 형용사로 '빠르다'라는 뜻 외에 '了'와 함께 부사로 쓰이기도 하는데, 이 때 부사 '快……了'의 의미는 '곧 ~이다'이며, 머지않아 일어날 상황을 나타냅니다.

> 예 快暑假了，你有什么打算？ 곧 여름방학이에요, 당신은 무슨 계획이 있나요?
> Kuài shǔjià le, nǐ yǒu shénme dǎsuàn?
>
> 你再等一会儿，他快回来了。 좀 더 기다려 봐요, 그는 곧 돌아올 거예요.
> Nǐ zài děng yíhuìr, tā kuài huílái le.

만약 시간을 나타내는 말이 문장에 있으면 '快……了'를 쓸 수 없습니다. 이런 경우에는 '快' 대신에 '就'를 사용할 수 있습니다.

> 예 明天我就回国了。 Míngtiān wǒ jiù huíguó le. 내일 저는 곧 귀국해요.

3 접속사

(1) 先……再…… 3과

접속사 '先……再……'는 '먼저 ~하고 그 다음에 ~하다'라는 의미로 동작의 선후관계를 나타냅니다.

> 예 我们先吃饭再去看电影吧。 우리 먼저 밥 먹고 나서 영화 보러 가요.
> Wǒmen xiān chīfàn zài qù kàn diànyǐng ba.
>
> 我先做完作业再给你联系。 나 먼저 과제 다하고 다시 너에게 연락할게.
> Wǒ xiān zuòwán zuòyè zài gěi nǐ liánxì.

(2) 一边……一边…… 7과

접속사 '一边……一边……'은 '(한편으로는) ~하면서 (한편으로는) ~하다'라는 뜻으로 두 가지 동작이 동시에 진행될 때 사용합니다.

> 예 她一边听音乐，一边看书。 그녀는 음악을 들으면서 책을 봐요.
> Tā yìbiān tīng yīnyuè, yìbiān kàn shū.
>
> 我们一边喝咖啡一边聊天儿。 우리는 커피를 마시면서 이야기를 해요.
> Wǒmen yìbiān hē kāfēi yìbiān liáotiānr.

4 전치사

(1) 在 2과

전치사 '在'는 '~에서'라는 뜻으로 장소를 나타냅니다. 이 때, 위치는 '在 + 장소' 형식으로 구(句)를 만든 뒤 술어 앞에 놓입니다.

> 예 我们在哪儿买票？ 우리는 어디에서 표를 사나요?
> Wǒmen zài nǎr mǎi piào?
>
> 我要在家休息，你呢？ 저는 집에서 쉴 거예요, 당신은요?
> Wǒ yào zài jiā xiūxi, nǐ ne?

(2) 除了 5과

전치사 '除了'는 '~이외에'라는 뜻으로 종종 뒤에 '以外'와 함께 쓰입니다. 이때 '除了A 以外, 还 B'처럼 '还'가 오면 'A 이외에 B도 (A와 B 모두 포함)'의 뜻이고, '除了A 以外, B 都'처럼 '都'가 오면 'A를 제외하고 B만 (A만 제외하고 B는 포함)'의 뜻입니다.

> 예 **除了**书店**以外**，今天我还去过商场和电影院。
> Chúle shūdiàn yǐwài, jīntiān wǒ hái qùguo shāngchǎng hé diànyǐngyuàn.
> 서점 이외에, 오늘 저는 백화점과 영화관도 갔어요. [서점, 백화점, 영화관 모두 포함]
>
> **除了**星期四**以外**，我哪天**都**可以来。
> Chúle xīngqīsì yǐwài, wǒ nǎ tiān dōu kěyǐ lái.
> 목요일 이외에, 저는 어느 날에도 올 수 있어요. [목요일만 제외]

(3) 从 7과

전치사 '从'은 '~에서, ~로부터'라는 뜻으로 동작의 출발점, 출발 시각을 나타냅니다.

> 예 他们**从**哪儿来? 그들은 어디에서 오나요? [장소]
> Tāmen cóng nǎr lái?
>
> **从**昨天晚上一直很不舒服。 어제 저녁부터 계속 아프네요. [시간]
> Cóng zuótiān wǎnshang yìzhí hěn bù shūfu.

전치사 '从'은 동사 '到(~로, ~까지 오다)'와 함께 자주 쓰여 시간이나 장소의 범위를 나타냅니다.

> 예 **从**2006年**到**2007年我在北京工作了。 2006년부터 2007년까지 베이징에서 일했어요.
> Cóng èr líng líng liù nián dào èr líng líng qī nián wǒ zài Běijīng gōngzuò le.
>
> **从**这儿**到**天安门怎么走? 여기에서 텐안먼까지 어떻게 가요?
> Cóng zhèr dào Tiān'ānmén zěnme zǒu?

(4) 比 8과

전치사 '比'는 '~보다'라는 뜻으로 두 대상의 성질, 상태 혹은 정도의 차이를 비교하는 문장에 사용됩니다.

> 예 我**比**她大。 Wǒ bǐ tā dà. 제가 그녀보다 (나이가) 많아요.
>
> 这个手表**比**那个手表贵。 이 시계가 저 시계보다 비싸요.
> Zhè ge shǒubiǎo bǐ nà ge shǒubiǎo guì.

정도의 차이를 나타낼 때는 절대적 정도를 나타내는 부사 '很', '大', '非常'은 사용할 수 없고, 상대적 의미를 나타내는 '更', '还'만 사용할 수 있습니다.

> 예) 今天比昨天更冷。 오늘은 어제보다 훨씬 추워요.
> Jīntiān bǐ zuótiān gèng lěng.
>
> 我觉得北京比首尔还热。 제 생각엔 베이징이 서울보다 더 더워요.
> Wǒ juéde Běijīng bǐ Shǒu'ěr hái rè.

술어 뒤에 보어(一点, 一些, 多了, 得多)를 사용해서 정도의 표현을 나타낼 수 있습니다.

> 예) 我比以前瘦了一些。 저는 예전보다 살이 조금 빠졌어요.
> Wǒ bǐ yǐqián shòule yìxiē.
>
> 中国的人口比韩国多得多。 중국의 인구는 한국보다 훨씬 더 많아요.
> Zhōngguó de rénkǒu bǐ Hánguó duō de duō.

전치사 '比'를 쓰는 비교문의 부정문은 'A 没有 B + 술어' 또는 'A 不比 B + 술어' 형식을 사용합니다. 'A 不比 B + 술어' 형식은 같거나 못한 정도를 의미해서 부정적인 느낌일 때 주로 쓰며, 일반적으로 비교문의 부정이라 하면 'A 没有 B + 술어' 형식을 더 많이 사용합니다. 두 형식은 아래 예문과 같이 약간의 차이가 있습니다.

> 예) 他的汉语没有我好。
> Tā de Hànyǔ méiyǒu wǒ hǎo.
> 그는 중국어를 저보다 잘하지 못해요. [그의 중국어 실력이 나보다 좋지 않다]
>
> 他的汉语不比我好。
> Tā de Hànyǔ bù bǐ wǒ hǎo.
> 그는 중국어를 저보다 잘하지 못해요. [잘한다고 생각했는데, 나와 비슷하거나 못하다]

5 조사

(1) 동태조사 着 `1과`

동태조사란 '동작의 상태를 도와주는 단어'라는 뜻으로 그 중 '着'는 동사 뒤에 쓰여 동작의 지속을 나타냅니다. 이때 문장 맨 마지막에 지속의 느낌을 강조하는 '呢'를 쓰기도 합니다.

> [예] 手机开着呢。 Shǒujī kāizhe ne. 휴대전화가 켜져 있어요.
>
> 他骑着自行车。 Tā qízhe zìxíngchē. 그는 자전거를 타고 있어요.

또한 '着'는 '동사₁ + 着 + 동사₂' 형식으로 사용하여 '~한 채로 ~하다'의 의미를 나타내기도 합니다.

> [예] 你坐着休息一会儿吧。 당신 앉아서 좀 쉬세요.
> Nǐ zuòzhe xiūxi yíhuìr ba.
>
> 他躺着看电视呢。 그는 누워서 TV를 보고 있어요.
> Tā tǎngzhe kàn diànshì ne.

(2) 동태조사 了 `4과`

동태조사란 '동작의 상태 표현을 도와주는 단어'라는 뜻으로 그 중 '了'는 동사 뒤에 쓰여 동작의 완료를 나타냅니다. 이때 뒤에 오는 목적어는 단순한 목적어가 아닌 '수식어 + 명사'로 된 구체적인 목적어를 사용합니다.

> [예] 我昨天买了一本杂志。 저는 어제 잡지 한 권을 샀어요.
> Wǒ zuótiān mǎile yì běn zázhì.
>
> 我早上吃了妈妈做的菜。 저는 아침에 엄마가 해주신 음식을 먹었어요.
> Wǒ zǎoshang chīle māma zuò de cài.

> (Tip) 수식어 없이 단순한 목적어가 올 경우 '了'는 문장 맨 마지막에 씁니다.
> · 我买杂志了。 Wǒ mǎi zázhì le. 저는 잡지를 샀어요.

'了'의 부정은 '没'를 사용하며 '~하지 않았다'라는 의미를 나타냅니다. 이때 '了'는 생략합니다.

> [예] 我今天没吃早饭。 저는 오늘 아침밥을 먹지 않았어요.
> Wǒ jīntiān méi chī zǎofàn.
>
> 他今天没来上课。 그는 오늘 수업에 오지 않았어요.
> Tā jīntiān méi lái shàngkè.

동태조사 '了'가 있는 문장의 정반의문문은 '동사 + 목적어 + 了 + 没有' 혹은 '동사 + 没 + 동사 + 목적어'로 나타냅니다.

> 예) 你到学校了没有? 당신은 학교에 도착했나요?
> Nǐ dào xuéxiào le méiyǒu?
>
> 他来没来上课? 그는 수업에 왔나요?
> Tā lái méi lái shàngkè?

'了'는 시제를 나타내는 것이 아니라 단순히 동작의 완료를 나타내기 때문에 과거뿐만 아니라 미래에도 모두 사용할 수 있습니다.

> 예) 我下了课就去找你。 내가 수업 끝나고 너한테 갈게.
> Wǒ xiàle kè jiù qù zhǎo nǐ.
>
> 明天我们参观了博物馆就去美术馆。
> Míngtiān wǒmen cānguānle bówùguǎn jiù qù měishùguǎn.
> 내일 우리는 박물관에 견학갔다가 바로 미술관으로 갑니다.

(3) 어기조사 了 4과

어기조사란 문장 마지막에 쓰여 말하는 사람의 의도, 기분, 심정 등의 뉘앙스를 살리는 데 도움을 주는 단어입니다. 그중 어기조사 '了'는 상황의 변화나 동작의 발생 등을 나타내주는 역할을 합니다.

❶ 상황의 변화

> 예) 天黑了。 Tiān hēi le. 날이 어두워졌어요.
>
> 你瘦了。 Nǐ shòu le. 너 살 빠졌다.
>
> 你变漂亮了。 Nǐ biàn piàoliang le. 너 예뻐졌네.

❷ 동작의 발생 및 기타 뉘앙스 강조

> 예) 春天要来了。 봄이 오려고 해요. [새로운 상태의 발생]
> Chūntiān yào lái le.
>
> 我该走了。 저는 가봐야겠어요. [마땅히 ~해야 함을 나타냄]
> Wǒ gāi zǒu le.
>
> 都十一点了，他怎么还没来?
> Dōu shíyī diǎn le, tā zěnme hái méi lái?
> 벌써 11시인데 그는 왜 아직 안 오는 거죠? [시간이 오래 되었음을 나타냄]

(4) 동태조사 过 5과

동태조사 '过'는 동사 뒤에서 과거의 경험, 즉 '~한 적이 있다'라는 뜻을 나타냅니다.

> 예) 我看过这部电影。 저는 이 영화를 본 적이 있어요.
> Wǒ kànguo zhè bù diànyǐng.
>
> 你听过中国音乐吗？ 당신은 중국 음악을 들어본 적이 있나요?
> Nǐ tīngguo Zhōngguó yīnyuè ma?

부정을 나타낼 때는 동사 앞에 부정부사 '没'를 씁니다. 이때 '过'는 그대로 둡니다.

> 예) 我没去过香港。 Wǒ méi qùguo Xiānggǎng. 저는 홍콩에 가본 적이 없어요.
> 我没见过小李。 Wǒ méi jiànguo Xiǎolǐ. 저는 샤오리를 만난 적이 없어요.

'정반의문문' 형식은 '동사 + 过 + 목적어 + 了 + 没有' 혹은 '동사 + 没 + 동사 + 过 + 목적어' 순입니다.

> 예) 你去过哈尔滨了没有？ 당신은 하얼빈에 가본 적이 있나요 없나요?
> Nǐ qùguo Hā'ěrbīn le méiyǒu?
>
> 你吃没吃过烤鸭？ 당신은 카오야를 먹어본 적이 있나요 없나요?
> Nǐ chī méi chīguo kǎoyā?

(5) 구조조사 的 9과

구조조사 '的'는 '~의, ~한 것'이라는 뜻 외에도 문장 끝에 쓰여 긍정, 강조의 어투를 나타냅니다.

> 예) 这个手表是朋友送给我的。 이 손목시계는 친구가 저에게 준 것이에요.
> Zhè ge shǒubiǎo shì péngyou sònggěi wǒ de.
>
> 这个节目主要是讲中国茶文化的。 이 프로그램은 주로 중국의 차 문화를 이야기했어요.
> Zhè ge jiémù zhǔyào shì jiǎng Zhōngguó chá wénhuà de.

(6) 구조조사 得 9과

구조조사 '得'는 동사나 형용사 뒤에서 동작이나 상태가 어느 정도에 도달했는가를 보충 설명을 하는 보어로, 조사이지만 문장에서는 정도보어의 역할을 합니다.

> 예) 你来得真早！ Nǐ lái de zhēn zǎo! 당신 정말 일찍 왔네요!
> 她说得非常好。 Tā shuō de fēicháng hǎo. 그녀는 말을 매우 잘해요.

정도보어가 있는 문장의 어순은 '(동사) + 목적어 + 동사 + 得 + 형용사(정도 표현)'입니다. 이때 목적어 앞에 위치하는 동사는 생략 가능합니다.

> 예) 她(唱)歌唱得很好。 그녀는 노래를 잘합니다.
> Tā (chàng)gē chàng de hěn hǎo.
>
> 我(写)汉字写得不太好。 저는 한자를 잘 못 써요.
> Wǒ (xiě) hànzì xiě de bú tài hǎo.

또한 동사나 형용사 뒤에 정도보어 '得'를 넣고, 보어 '要命(yàomìng)', '要死(yàosǐ)', '不得了(bùdéliǎo)', '很(hěn)'을 사용하여 '매우 ~하다', '~해 죽겠다'의 의미를 나타낼 수 있습니다.

> 예) 我最近忙得要命。 저는 최근에 너무 바빠요.
> Wǒ zuìjìn máng de yàomìng.
>
> 今天热得要死。 오늘 정말 더워 죽겠어요.
> Jīntiān rè de yàosǐ.

정도보어가 활용된 문장은 다음과 같이 의문형이나 부정형으로 나타낼 수 있습니다.

> 예) 他来得早吗? Tā lái de zǎo ma? 그는 일찍 왔나요?
> 他吃得多不多? Tā chī de duō bu duō? 그는 많이 먹나요?
> 他来得不早。 Tā lái de bù zǎo. 그는 일찍 오지 않았어요.
> 他吃得不多。 Tā chī de bù duō. 그는 많이 먹지 않아요.

6 양사

(1) 一下 2과

양사 '一下'는 '좀 ~해보다'라는 뜻으로, 동사 뒤에 쓰여 어떤 동작이 가볍게 행해지거나 '시험 삼아 해보다'라는 의미를 나타냅니다.

> 예) 等一下, 他马上来。 조금만 기다리세요, 그 사람 곧 올 거예요.
> Děng yíxià, tā mǎshàng lái.
>
> 这是我做的菜, 你尝一下。 이거 제가 만든 음식이에요, 맛 좀 보세요.
> Zhè shì wǒ zuò de cài, nǐ cháng yíxià.

(2) 次 5과

양사 '次'는 '번, 차례'라는 뜻으로 동사 뒤에 쓰여 동작의 횟수를 나타냅니다. 이렇게 동사 뒤에 쓰여 동작의 횟수를 나타내는 성분을 '동량사'라고 합니다. 동량사는 양사의 한 종류이기 때문에 '수사 + 동량사 + 명사' 순으로 쓰입니다.

> 예) 我去过三次济州岛。 저는 제주도에 세 번 가본 적이 있어요.
> Wǒ qùguo sān cì Jìzhōu Dǎo.
>
> 我吃过几次中国菜。 저는 중국음식을 몇 번 먹어본 적이 있어요.
> Wǒ chīguo jǐ cì Zhōngguócài.

Tip) 자주 쓰이는 동량사: 回 huí 번, 차례[동작을 세는 단위], 趟 tàng 번, 차례[왕복하는 행동을 세는 단위], 顿 dùn 끼, 바탕[식사, 질책 등을 세는 단위]

7 보어

(1) 시량보어 7과

시량사는 동사 뒤에서 시량보어로 쓰여 동작이 지속된 시간의 양을 나타낼 수 있습니다.

> 예) 我等了三天，还要等。 나는 3일을 기다렸는데, 아직도 기다려야 합니다.
> Wǒ děngle sān tiān, hái yào děng.
>
> 我学汉语学了两年。 저는 중국어를 2년 동안 배웠습니다.
> Wǒ xué Hànyǔ xuéle liǎng nián.

(2) 결과보어 好 7과

형용사 '好'는 동사 뒤에서 동작의 결과를 나타낼 수 있는 결과보어로 사용할 수 있습니다. 이때 '好'는 '동작의 완료'와 '잘 이루어졌음'을 나타냅니다.

> 예) 大家都准备好了吗? 모두들 준비 다 됐나요?
> Dàjiā dōu zhǔnbèi hǎo le ma?
>
> 我已经做好作业了。 저는 이미 과제를 다 했어요.
> Wǒ yǐjīng zuòhǎo zuòyè le.

Tip) 결과보어의 어순은 '주어 + 동사 + 결과보어 + 기타성분' 순이며, 대표적으로 쓰이는 결과보어로는 '到 dào', '见 jiàn', '完 wán', '开 kāi' 등이 있습니다.

(3) ……极了　9과

'……极了'는 성질이나 상태를 나타내는 형용사나 동사 뒤에 붙어서 그 정도가 심함을 나타냅니다.

> 예） 真美极了！ Zhēn měi jíle! 정말 아름답군요.
>
> 外边冷极了，你多穿衣服。 밖이 매우 추워요, 옷 많이 입으세요.
> Wàibian lěng jíle, nǐ duō chuān yīfu.

8 동사구 목적어　2과

문장에서 동사가 술어 역할을 하는 문장을 '동사 술어문'이라고 합니다. 동사 뒤에는 일반적으로 목적어가 오는데, 대부분의 동사는 명사나 대명사를 목적어로 가지지만 일부 동사는 동사나 형용사, 동사구를 목적어로 가집니다.

> 예） 我喜欢吃苹果。 저는 사과 먹는 것을 좋아해요.
> Wǒ xǐhuan chī píngguǒ.
>
> 我决定去北京留学。 저는 베이징에 가서 유학하기로 결정했어요.
> Wǒ juédìng qù Běijīng liúxué.
>
> 我觉得学汉语很有意思。 저는 중국어를 배우는 것이 재미있다고 생각해요.
> Wǒ juéde xué Hànyǔ hěn yǒuyìsi.

9 존현문　3과

존현문이란 사람이나 사물의 존재, 출현, 소실을 나타내는 문장으로 '(장소·시간)에 ~이 있다'라는 뜻으로 쓰이며 형식은 '장소·시간 + 동사 + 목적어'입니다. 목적어 자리에는 사람과 사물이 모두 올 수 있습니다.

> 예） 桌子上有一杯咖啡。 Zhuōzi shang yǒu yì bēi kāfēi. 탁자 위에 커피 한 잔이 있어요.
>
> 昨天来了一个人。 Zuótiān láile yí ge rén. 어제 한 사람이 왔어요.

이때 술어는 사람이나 사물의 상태, 동작의 출현, 소실을 나타내는 동사들이 사용됩니다. 또한 상태의 지속을 강조하기 위해 동사 뒤에 동태조사 '着'를 쓰는 경우가 많습니다.

> 예） 教室里坐着一个人。 Jiàoshì li zuòzhe yí ge rén. 교실에 한 명이 앉아 있어요.
>
> 桌子上放着几本书。 Zhuōzi shang fàngzhe jǐ běn shū. 탁자 위에 책이 몇 권 놓여 있어요.

존현문에서 목적어는 불특정 목적어를 사용해야 합니다.

> 예 附近有一家银行。 근처에 은행이 하나 있어요.
> Fùjìn yǒu yì jiā yínháng.
>
> 桌子上放着一台电脑。 책상 위에 컴퓨터 한 대가 놓여 있어요.
> Zhuōzi shang fàngzhe yì tái diànnǎo.

10 '把'자문과 '被'자문

(1) '把'자문 10과

'把'자문이란 전치사 '把'를 사용하여 어떤 사물에 어떤 동작을 가했는지 그 행위를 강조하거나, 처리의 결과를 강조할 때 사용하며 기본 형식은 '주어 + 把 + 목적어 + 서술어 + 기타성분'입니다.

> 예 我把这本书看完了。 Wǒ bǎ zhè běn shū kànwán le. 저는 이 책을 다 읽었어요.
>
> 请把窗户打开。 Qǐng bǎ chuānghu dǎkāi. 창문을 열어주세요.

'把'자문을 사용하고자 할 때는 특히 다음과 같은 점을 주의해야 합니다.

❶ '把'자문은 동작의 행위 또는 결과를 강조하기 때문에 동사만 단독으로 쓸 수 없고, 동사 뒤에 반드시 다른 기타성분이 와야 합니다.

> 예 我把中国菜做好了。 저는 중국요리를 다 만들었어요. [결과보어]
> Wǒ bǎ Zhōngguócài zuòhǎo le.
>
> 我要把这件衣服退了。 저는 이 옷을 교환하려고 합니다. [어기조사 了]
> Wǒ yào bǎ zhè jiàn yīfu tuì le.
>
> 你把你的房间打扫一下吧。 너 네 방 좀 청소해라. [동량사 一下]
> Nǐ bǎ nǐ de fángjiān dǎsǎo yíxià ba.
>
> 请把你们的要求说说吧。 여러분의 요구를 좀 말해주세요. [동사 중첩]
> Qǐng bǎ nǐmen de yāoqiú shuōshuo ba.
>
> 请把护照给我看看。 여권을 저에게 보여주세요. [동사 중첩]
> Qǐng bǎ hùzhào gěi wǒ kànkan.

❷ 목적어는 화자가 생각하는 확정적인 것이어야 하며, 임의의 불특정한 목적어는 올 수 없습니다.

> 예 他把那本书借走了。 Tā bǎ nà běn shū jièzǒu le. (O) 그는 그 책을 빌려 갔어요.
>
> 他把一本书借走了。 Tā bǎ yì běn shū jièzǒu le. (X)

(2) '被'자문 10과

전치사 '被'가 들어간 '被'자문은 주어인 대상이 동사가 나타내는 동작의 영향을 받아 피동의 의미를 나타내는 문장을 말합니다. 기본 형식은 '주어 + 被 + 목적어 + 술어 + 기타성분'입니다. 여기서 주어는 행위의 대상이며, 목적어는 행위의 주체가 됩니다.

[예] 衣服被风刮跑了。 Yīfu bèi fēng guāpǎo le. 옷이 바람에 날아가 버렸어요.

他被老师批评过。 Tā bèi lǎoshī pīpíngguo. 그는 선생님에게 혼난 적이 있어요.

'被'자문을 사용하고자 할 때는 특히 다음과 같은 점을 주의해야 합니다.

❶ '被'자문의 주어는 반드시 특정적, 구체적인 것이어야 합니다.

[예] 钥匙被他弄丢了。 열쇠는 그에 의해 분실되었어요.
Yàoshi bèi tā nòngdiū le.

刚洗完的衣服被小狗弄脏了。 방금 세탁한 옷이 강아지에 의해 더러워졌어요.
Gāng xǐwán de yīfu bèi xiǎogǒu nòngzāng le.

❷ '被'자문 역시 술어 뒤에는 반드시 기타성분이 와야 합니다.

[예] 黑板被我擦得很干净。 칠판이 나에 의해 깨끗이 닦였어요. [정도보어]
Hēibǎn bèi wǒ cā de hěn gānjìng.

猫被邻居关了一个小时了。 고양이는 이웃에 의해 한 시간 동안 갇혀있었어요. [시량보어]
Māo bèi línjū guānle yí ge xiǎoshí le.

❸ '被'자문의 목적어는 행위의 주체를 알 수 없거나 (행위의 주체를) 알 필요가 없을 때 생략이 가능합니다.

[예] 我被拒绝了。 Wǒ bèi jùjué le. 저는 거절당했어요.

我被打了。 Wǒ bèi dǎ le. 저는 맞았어요.

해석 및 정답

Unit 01 — P.10

본문 해석

회화 1

A 당신은 요즘 어때요?
B 저 요즘 좋아요, 일도 그다지 바쁘지 않고요, 당신은요?
A 괜찮아요. 맞다, 당신 감기는 좀 괜찮아졌어요?
B 많이 좋아졌어요, 걱정하지 않아도 돼요.
A 날씨가 아직 좀 추워요, 건강 조심해요.
B 네, 당신도요.

회화 2

A 당신 안색이 왜 이렇게 안 좋아요?
B 저 요즘 계속 바쁘게 아르바이트하고 공부하느라 몸이 좀 좋지 않아요.
A 당신 이렇게 맨날 힘들면 안 돼요, 잘 쉬어야죠.
B 맞아요, 오늘은 저 쉬어야겠어요.
A 제가 당신 데리고 병원에 같이 가줄까요?
B 괜찮아요, 좀 쉬면 금방 괜찮아질 거예요.

연습 문제

1. ① 我最近很好，你呢？
   Wǒ zuìjìn hěn hǎo, nǐ ne?
   ② 我的感冒好多了。
   Wǒ de gǎnmào hǎo duō le.
   ③ 我最近一直忙着学习、打工。
   Wǒ zuìjìn yìzhí mángzhe xuéxí、dǎgōng.
   ④ 不用了，休息一下就好了。
   Bú yòng le, xiūxi yíxià jiù hǎo le.

2. ① 저는 요즘 일이 그다지 바쁘지 않아요.
   ② 날씨가 아직은 좀 추워요, 건강 조심해요.
   ③ 你家人都好吧？
   ④ 你应该好好儿休息。

Unit 02 — P.22

본문 해석

회화 1

A 신애씨, 제가 제 중국 친구 지앙리를 소개할게요.
B 안녕하세요? 저는 지앙리라고 해요, 만나서 반가워요.
C 저도 만나서 반가워요, 저는 지금 대한대학교에서 공부하고 있어요.
B 저는 서한대학교에서 한국어를 배우고 있는 유학생입니다.
A 앞으로 우리 셋이서 자주 만나요.
B/C 좋아요!

회화 2

A 자기소개 해주세요.
B 면접관님들, 안녕하세요? 저는 박신애라고 합니다. 올해 23살이고, 비즈니스 중국어 전공인 학부생입니다.
C 당신은 다른 외국어도 할 줄 하나요?
B 저는 영어 그리고 간단한 일본어를 할 줄 압니다.
D 당신의 장점은 무엇입니까?
B 저는 맡은 일을 열심히 하며, 풍부한 인턴경험이 있습니다. 저에게 이 기회를 주셨으면 좋겠습니다. 감사합니다.

연습 문제

1. ① 我现在在大韩大学读书。
   Wǒ xiànzài zài Dàhán Dàxué dúshū.
   ② 我会说汉语。
   Wǒ huì shuō Hànyǔ.
   ③ 我做事很认真。
   Wǒ zuòshì hěn rènzhēn.
   ④ 我叫〇〇〇，今年〇〇岁，是商务汉语专业的本科生。
   Wǒ jiào OOO, jīnnián OO suì, shì shāngwù Hànyǔ zhuānyè de běnkēshēng.

2. ① 저는 중국어, 영어 그리고 간단한 일본어를 할 줄 압니다.
   ② 저는 풍부한 인턴경험이 있습니다.
   ③ 我的专业是商务汉语。
   ④ 以后我们经常见面吧。

해석 및 정답

Unit 03   P.34

본문 해석

회화 1

A 지금 뭐하고 있어요?
B 저 지금 집에서 휴대전화 보고 있어요. 왜요?
A 그럼 당신 나와서 저랑 같이 쇼핑해요.
B 어디 가려고 하는데요?
A 우리 명동 가요. 많은 상점들이 다 할인 중이에요.
B 좋아요, 그럼 우리 1시에 명동에서 봐요.

회화 2

B 당신 뭐 사고 싶어요?
A 저는 옷을 몇 벌 사려고 해요. 당신 지금 배고파요?
B 조금 고프네요. 아니면 우리 먼저 밥 먹고 쇼핑하지요.
A 근처에 이탈리아 식당이 있는데 우리 거기 가서 먹어요.
B 봐요, 식당 입구에 줄이 길게 늘어서 있어요.
A 보아하니 저 식당 정말 인기가 있나 봐요.

연습 문제

1. ① 我在玩手机呢。
   Wǒ zài wán shǒujī ne.
   ② 我想买几件衣服。
   Wǒ xiǎng mǎi jǐ jiàn yīfu.
   ③ 我现在有点儿饿。
   Wǒ xiànzài yǒudiǎnr è.
   ④ 我要去商场。
   Wǒ yào qù shāngchǎng.
2. ① 당신 나와서 저랑 같이 쇼핑해요.
   ② 우리 1시에 명동에서 봐요.
   ③ 附近有一家意大利餐厅。
   ④ 餐厅门口排着很长的队。

Unit 04   P.46

본문 해석

회화 1

A 주말에 당신 뭐했나요?
B 저는 줄곧 집에서 잤어요, 당신은요?
A 저는 신애랑 함께 쇼핑하러 갔어요. 그리고 이탈리아 식당에도 갔어요.
B 뭘 먹었나요?
A 파스타 1인분과 피자 한 판 먹었어요.
B 다음에 저도 당신들과 함께 갈래요.

회화 2

A 지금 몇 시죠?
B 9시 됐어요, 왜요?
A 리리는 왜 아직 안 오는 건가요?
B 당신 몰라요? 리리 아파요. 듣자 하니 상한 음식을 먹어서 식중독에 걸렸다네요. 지금 병원에 입원해있어요.
A 정말요? 병문안 가봐야겠어요.
B 저는 어제 보러 갔어요, 당신도 가서 보고와요.

연습 문제

1. ① 周末我跟朋友一起去逛街了。
   Zhōumò wǒ gēn péngyou yìqǐ qù guàngjiē le.
   ② 现在十点半了。
   Xiànzài shí diǎn bàn le.
   ③ 我吃了一盘披萨。
   Wǒ chīle yì pán pīsà.
   ④ 你不知道吗？丽丽生病了。
   Nǐ bù zhīdào ma? Lìli shēngbìng le.
2. ① 저는 신애와 함께 쇼핑하러 갔어요.
   ② 우리는 이탈리아 식당에도 갔어요.
   ③ 下次我也跟你们一起去。
   ④ 听说她生病住院了。

해석 및 정답

Unit 05   P.58

본문 해석

회화 1

A 당신은 중국에 가본 적 있나요?
B 가본 적 있어요, 두 번 가봤어요.
A 모두 어디로 갔었나요?
B 베이징을 제외하고 상하이, 항저우, 그리고 쑤저우에도 갔어요.
A 어때요? 좋아요?
B 모두 다 좋아요. 중국 사람들이 '하늘에는 천당이 있고 하늘 아래에는 항저우와 쑤저우가 있다'라고 하잖아요.

회화 2

A 당신 이 커피숍에 와본 적 있나요?
B 못 와봤어요, 이번이 처음인데, 여기 괜찮은 것 같아요.
A 여기 커피가 정말 맛있어요.
B 당신은 여기 어떻게 알았어요?
A 저는 예전에 남자친구랑 와봤어요.
B 그래요? 저는 앞으로도 여기 자주 와야겠어요.

연습 문제

1. ① 我没去过中国。
　　Wǒ méi qùguo Zhōngguó.
　② 我来过这家咖啡厅。
　　Wǒ láiguo zhè jiā kāfēitīng.
　③ 我以前跟男朋友一起来过。
　　Wǒ yǐqián gēn nánpéngyou yìqǐ láiguo.
　④ 杭州和苏州都很漂亮。
　　Hángzhōu hé Sūzhōu dōu hěn piàoliang.

2. ① 여기 커피가 정말 맛있어요.
　② 그래요? 저는 앞으로도 여기 자주 와야겠어요.
　③ 你去过中国哪里?
　④ 我没去过杭州。

Unit 06   P.70

본문 해석

회화 1

A 당신 중국어 할 줄 아세요?
B 조금 할 줄 알아요, 왜 그러세요?
A 저희가 강남에 가려고 하는데, 몇 호선을 타야 할지 모르겠어요.
B 2호선 타시면 바로 도착해요. 먼저 1호선을 타신 뒤, 시청역에서 2호선으로 갈아타세요.
A 감사합니다.
B 아니에요.

회화 2

A 안녕하세요? 저 화장품을 사려고 하는데 추천 좀 해주실 수 있나요?
B 이 에어쿠션은 어떠세요?
A 한번 테스트 해봐도 될까요?
B 당연하죠.…… 어떠세요?
A 괜찮네요. 5개 주세요, 할인되나요?
B 여권 있으시면 20% 할인돼요.

연습 문제

1. ① 我不会说汉语。
　　Wǒ bú huì shuō Hànyǔ.
　② 你得坐二号线。
　　Nǐ děi zuò èr hàoxiàn.
　③ 在市厅站换二号线。
　　Zài Shìtīng Zhàn huàn èr hàoxiàn.
　④ 这个气垫粉真不错。
　　Zhè ge qìdiànfěn zhēn búcuò.

2. ① 여권 있으시면 20% 할인돼요.
　② 저에게 추천 좀 해주실 수 있나요?
　③ 我可以试试吗?
　④ 我会说一点儿汉语。

148

해석 및 정답

Unit 07   P.82

본문 해석

회화 1

A 당신은 언제 중국에 갈 계획인가요?
B 다음 달 7일에 가서 10일에 돌아와요.
A 호텔은 예약했나요?
B 이미 예약했어요. 이번 여름방학 때 당신은 어떤 계획이 있나요?
A 저는 아르바이트 하면서 중국어 공부를 할 예정이에요.
B 즐거운 여름방학 보내시길 바랍니다!

회화 2

A 안녕하세요? 제가 인터넷으로 방 두 개를 예약했는데요.
B 안녕하세요? 여권 좀 보여주세요. 7일부터 10일까지 모두 3일 머무르시는 거죠?
A 네, 3일 머무를 계획이에요.
B 제가 여권을 복사해야 해서요, 몇 분만 기다려 주세요.
A 네, Wi-Fi 비밀번호는 뭔가요?
B 룸 카드 위에 있어요. 여기 룸 카드예요. 먼저 받으세요.

연습 문제

1. ① 请出示一下您的护照。
   Qǐng chūshì yíxià nín de hùzhào.
   ② 我打算八月三号去。
   Wǒ dǎsuàn bā yuè sān hào qù.
   ③ 我打算学习汉语。
   Wǒ dǎsuàn xuéxí Hànyǔ.
   ④ Wi-Fi的密码是三零A九八一二。
   Wi-Fi de mìmǎ shì sān líng A jiǔ bā yāo èr.

2. ① 저는 3일 머무를 계획이에요.
   ② 몇 분만 기다려 주세요.
   ③ 祝你度过一个愉快的暑假!
   ④ 预订酒店了吗?

Unit 08   P.94

본문 해석

회화 1

A 오늘은 덥고 습해요. 바람도 안 부네요.
B 일기예보에서 오늘 최고기온이 35도라고 했어요.
A 또 뭐라고 했어요?
B 오늘 맑았다가 흐려지고, 오후에는 비가 온대요.
A 어쩐지 공기가 이렇게나 습하더라고요.
B 제가 에어컨 틀어줄게요.

회화 2

A 오늘 날씨 어때요?
B 어제와 비슷한데, 어제보다 조금 더 추워요.
A 오늘의 기온은 몇 도인가요?
B 최저 영하 5도예요. 듣자 하니 오후에 눈이 온대요.
A 우산 챙겼어요?
B 네, 챙겼어요.

연습 문제

1. ① 今天比昨天热。
   Jīntiān bǐ zuótiān rè.
   ② 葡萄比苹果更贵。
   Pútáo bǐ píngguǒ gèng guì.
   ③ 今天跟昨天差不多冷。
   Jīntiān gēn zuótiān chàbuduō lěng.
   ④ 我没带雨伞。
   Wǒ méi dài yǔsǎn.

2. ① 오늘은 어제보다 조금 더 추워요.
   ② 어쩐지 공기가 이렇게나 습하더라고요.
   ③ 今天又热又潮。
   ④ 天气预报说, 今天晴转阴。

해석 및 정답   149

해석 및 정답

Unit 09 — P.106

본문 해석

회화 1

A 내가 보기에 당신은 중국어를 잘하는 것 같아요.
B 아니에요, 아직 그다지 유창하지 않아요.
A 몇 년 동안 배웠나요?
B 곧 2년 돼가요.
A 그럼 유창하게 말하는 편이네요. 발음이 정말 정확해요.
B 감사합니다.

회화 2

A 이것들 모두 당신이 만든 것인가요?
B 맞아요, 어서 맛 보세요.
A 와! 당신 요리 정말 잘하네요. 정말 맛있어요. 이 음식들 모두 제 입맛에 맞아요.
B 감사합니다. 그럼 더 많이 드세요.
A 당신은 요리도 잘하고 그림도 잘 그리고, 손재주가 좋아요.
B 아이고, 과찬이세요. 어서요, 뜨거울 때 드세요.

연습 문제

1. ① 我菜做得很好。
   Wǒ cài zuò de hěn hǎo.
   ② 我汉语说得不太流利。
   Wǒ Hànyǔ shuō de bú tài liúlì.
   ③ 我学了一年了。
   Wǒ xuéle yī nián le.
   ④ 你做的菜很好吃，味道好极了！
   Nǐ zuò de cài hěn hǎochī, wèidào hǎo jíle!
2. ① 당신은 중국어를 정말 잘하시네요.
   ② 당신은 요리도 잘하고 그림도 잘 그리시네요.
   ③ 你的发音真标准。
   ④ 你学汉语学了几年了？

Unit 10 — P.118

본문 해석

회화 1

A 당신 휴대전화를 어디에 두었나요? 왜 보이지 않죠?
B 제가 그거 소파 위에 두었어요, 당신이 다시 좀 찾아봐요.
A 이상하네, 소파 위에 없어요.
B 그럼 소파 아래를 한번 봐요, 아마 떨어졌을지도 몰라요.
A 찾았어요. 소파 밑에 있네요.
B 휴대전화를 탁자 위에 두세요. 또 못 찾을까 봐 걱정되네요.

회화 2

A 당신 왜 기분이 안 좋아요?
B 제 휴대전화를 도둑맞았어요.
A 먼저 당신 휴대전화에 전화해봐요, 누가 받는지 안 받는지 보게요.
B 이미 해봤는데 꺼져있어요.
A 아이고, 그럼 당신 빨리 분실 신고해요.
B 오늘 정말 재수가 없네요!

연습 문제

1. ① 我的自行车不见了。
   Wǒ de zìxíngchē bú jiàn le.
   ② 我把手机放在桌子上了。
   Wǒ bǎ shǒujī fàngzài zhuōzi shang le.
   ③ 你快点儿挂失吧。
   Nǐ kuài diǎnr guàshī ba.
   ④ 我把面包吃光了。
   Wǒ bǎ miànbāo chīguāng le.
2. ① 저는 휴대전화를 소파 위에 두었어요.
   ② 아마도 밑으로 떨어졌나 봐요.
   ③ 我的手机被偷走了。
   ④ 我的手机被关机了。

워크북 정답

Unit 01   P. 2

2.

회화 1

A 你最近怎么样?
Nǐ zuìjìn zěnmeyàng?

B 我最近很好，工作也不太忙，你呢?
Wǒ zuìjìn hěn hǎo, gōngzuò yě bú tài máng, nǐ ne?

A 还行。对了，你的感冒好点儿了吗?
Hái xíng. Duì le, nǐ de gǎnmào hǎo diǎnr le ma?

B 好多了，你不用担心。
Hǎo duō le, nǐ bú yòng dānxīn.

A 天气还是有点儿冷，注意身体。
Tiānqì háishi yǒu diǎnr lěng, zhùyì shēntǐ.

B 好的，你也是。
Hǎo de, nǐ yě shì.

회화 2

A 你脸色怎么不好?
Nǐ liǎnsè zěnme bù hǎo?

B 我最近一直忙着打工、学习，所以身体不太舒服。
Wǒ zuìjìn yìzhí mángzhe dǎgōng、xuéxí, suǒyǐ shēntǐ bú tài shūfu.

A 你不能这样总是累着，应该好好儿休息。
Nǐ bù néng zhèyàng zǒngshì lèizhe, yīnggāi hǎohāor xiūxi.

B 对，今天我要休息。
Duì, jīntiān wǒ yào xiūxi.

A 要不要我陪你一起去医院?
Yào bu yào wǒ péi nǐ yìqǐ qù yīyuàn?

B 不用了，休息一下就好了。
Bú yòng le, xiūxi yíxià jiù hǎo le.

3. (1) ① 녹음 感冒   정답 (○)
       ② 녹음 担心   정답 (✕)
       ③ 녹음 休息   정답 (○)

(2) ① 녹음
   男: 你怎么了? 哪儿不舒服吗?
   女: 我感冒了。
   问: 女的怎么了?
   정답 A

② 녹음
   女: 你最近怎么样? 工作忙吗?
   男: 我最近很好，工作也不太忙。
   问: 男的最近怎么样?
   정답 A

③ 녹음
   男: 你脸色不好，要不要一起去医院?
   女: 不用了，我休息一下就好了。
   问: 女的是什么意思?
   정답 B

4. (1) 感冒 —— gǎnmào
(2) 注意 —— xiūxi
(3) 打工 —— dǎgōng
(4) 休息 —— zhùyì

5. (1) 我工作不太忙。
(2) 你不用担心。
(3) 天气还是有点儿冷。
(4) 要不要我陪你一起去医院?
(5) 他身体不太舒服。

6. (1) 我最近很好。/ 我最近不太好。/ 我最近还可以。
(2) 我身体很好。/ 我身体非常好。/ 我身体不太好。/ 我身体不太舒服。
(3) 好的，你也注意身体。

Unit 02   P. 6

2.

회화 1

A 信爱，我来介绍一下我的中国朋友江丽。
Xìn'ài, wǒ lái jièshào yíxià wǒ de Zhōngguó péngyou Jiāng Lì.

B 你好，我叫江丽，认识你很高兴。
Nǐ hǎo, wǒ jiào Jiāng Lì, rènshi nǐ hěn gāoxìng.

C 我也很高兴认识你，我现在在大韩大学读书。
Wǒ yě hěn gāoxìng rènshi nǐ, wǒ xiànzài zài Dàhán Dàxué dúshū.

워크북 정답

B 我在西韩大学学韩语，是留学生。
　　Wǒ zài Xīhán Dàxué xué Hányǔ, shì liúxuéshēng.

A 以后我们三个经常见面吧。
　　Yǐhòu wǒmen sān ge jīngcháng jiànmiàn ba.

B/C 好啊！
　　Hǎo a!

회화 2

A 请自我介绍一下。
　　Qǐng zìwǒ jièshào yíxià.

B 各位考官好，我叫朴信爱，今年23岁，是商务汉语专业的本科生。
　　Gèwèi kǎoguān hǎo, wǒ jiào Piáo Xìn'ài, jīnnián èrshísān suì, shì shāngwù Hànyǔ zhuānyè de běnkēshēng.

C 你还会说其他外语吗？
　　Nǐ hái huì shuō qítā wàiyǔ ma?

B 我会说英语和简单的日语。
　　Wǒ huì shuō Yīngyǔ hé jiǎndān de Rìyǔ.

D 你的优点是什么？
　　Nǐ de yōudiǎn shì shénme?

B 我做事很认真，有丰富的实习经验，希望大家给我这个机会，谢谢。
　　Wǒ zuòshì hěn rènzhēn, yǒu fēngfù de shíxí jīngyàn, xīwàng dàjiā gěi wǒ zhè ge jīhuì, xièxie.

3. (1) ① 녹음　毕业　　　　정답（○）
　　　　② 녹음　认真　　　　정답（○）
　　　　③ 녹음　读书　　　　정답（✕）

　　(2) ① 녹음
　　　　男：我希望去中国留学。
　　　　女：我也是，我也希望有机会去中国留学。
　　　　问：他们在谈论什么？
　　　　정답　C

　　　　② 녹음
　　　　女：你会说汉语吗？
　　　　男：会，我还会说英语和简单的日语。
　　　　问：男的会说什么？
　　　　정답　B

　　　　③ 녹음
　　　　男：你认识江丽吗？
　　　　女：认识，她是我的大学同学。
　　　　问：女的和江丽是什么关系？
　　　　정답　C

4. (1) 自我介绍　　　　jīhuì
　　(2) 机会　　　　　　fēngfù
　　(3) 丰富　　　　　　jiǎndān
　　(4) 简单　　　　　　zìwǒ jièshào

5. (1) 我有丰富的实习经验。
　　(2) 你会说外语吗？
　　(3) 我在大学读书。
　　(4) 我们常常见面吧。
　　(5) 我是商务汉语专业的本科生。

6. (1) 我的专业是商务汉语。
　　(2) 我会说一点儿。/ 我会说外语。/ 我会说汉语、英语和简单的日语。/ 我不会说外语。
　　(3) 我做事很认真，有丰富的实习经验。/ 我认为我是一个做事认真、积极的人。/ 我做事很谨慎、能干。/ 我做什么事都很热情、细心。

Unit 03　P. 10

2.

회화 1

A 你在干什么呢？
　　Nǐ zài gàn shénme ne?

B 我在家玩手机呢，怎么了？
　　Wǒ zài jiā wán shǒujī ne, zěnmele?

A 那你出来跟我一起逛街吧。
　　Nà nǐ chūlái gēn wǒ yìqǐ guàngjiē ba.

B 你要去哪儿？
　　Nǐ yào qù nǎr?

A 我们去明洞吧，很多商店都在打折。
　　Wǒmen qù Míngdòng ba, hěn duō shāngdiàn dōu zài dǎzhé.

워크북 정답

B 好啊，那我们一点在明洞见吧。
Hǎo a, nà wǒmen yī diǎn zài Míngdòng jiàn ba.

회화 2

B 你想买什么?
Nǐ xiǎng mǎi shénme?

A 我想买几件衣服，你现在饿吗?
Wǒ xiǎng mǎi jǐ jiàn yīfu, nǐ xiànzài è ma?

B 有点儿饿，要不我们先吃饭再逛吧。
Yǒudiǎnr è, yàobù wǒmen xiān chīfàn zài guàng ba.

A 附近有一家意大利餐厅，我们去那儿吃吧。
Fùjìn yǒu yì jiā Yìdàlì cāntīng, wǒmen qù nàr chī ba.

B 你看，餐厅门口排着很长的队。
Nǐ kàn, cāntīng ménkǒu páizhe hěn cháng de duì.

A 看来那家餐厅很有人气。
Kànlái nà jiā cāntīng hěn yǒu rénqì.

3. (1) ① 녹음 逛街 　　　　정답 (○)
　　　② 녹음 打折 　　　　정답 (○)
　　　③ 녹음 饿 　　　　　정답 (✕)

(2) ① 녹음
男: 我们几点在哪儿见面?
女: 我们中午一点在学校门口见吧。
问: 他们在哪儿见面?
정답　C

② 녹음
男: 你在干什么呢?
女: 我在玩手机呢，怎么了?
问: 女的在做什么?
정답　B

③ 녹음
男: 你想吃什么?
女: 附近有一家意大利餐厅，我们去那儿吃吧。
问: 女的想吃什么?
정답　A

4. (1) 附近 ── páiduì
(2) 排队 ── fùjìn
(3) 逛街 ── guàngjiē
(4) 打折 ── dǎzhé

5. (1) 你在干什么呢?
(2) 你跟我一起逛街吧。
(3) 很多商店都在打折。
(4) 餐厅门口排着很长的队。
(5) 那家餐厅看来很有人气。

6. (1) 我想买几件衣服。
(2) 我在家玩手机呢。／我在家休息呢。／我在做作业呢。／我在跟朋友一起吃比萨呢。
(3) 好啊，那我们一点在明洞见吧。／对不起，我今天没有时间。

Unit 04　　　　P. 14

2.

회화 1

A 周末你做什么了?
Zhōumò nǐ zuò shénme le?

B 我一直在家里睡觉了，你呢?
Wǒ yìzhí zài jiā li shuìjiào le, nǐ ne?

A 我跟信爱一起去逛街了，还去了意大利餐厅。
Wǒ gēn Xìn'ài yìqǐ qù guàngjiē le, hái qùle Yìdàlì cāntīng.

B 吃什么了?
Chī shénme le?

A 吃了一份意大利面和一盘披萨。
Chīle yí fèn Yìdàlìmiàn hé yì pán pīsà.

B 下次我也跟你们一起去。
Xià cì wǒ yě gēn nǐmen yìqǐ qù.

회화 2

A 现在几点了?
Xiànzài jǐ diǎn le?

B 9点了，怎么了?
Jiǔ diǎn le, zěnmele?

A 丽丽怎么还没来?
Lìli zěnme hái méi lái?

B 你不知道吗? 她生病了。听说她吃坏东西食物中毒了。现在住院了。
Nǐ bù zhīdào ma? Tā shēngbìng le. Tīngshuō tā chī huài dōngxi shíwù zhòngdú le. Xiànzài zhùyuàn le.

워크북 정답

A 真的吗？我要去看看她。
  Zhēnde ma? Wǒ yào qù kànkan tā.
B 我昨天去看她了，你也去看看吧。
  Wǒ zuótiān qù kàn tā le, nǐ yě qù kànkan ba.

3. (1) ① 녹음 生病   정답 (○)
       ② 녹음 住院   정답 (×)
       ③ 녹음 睡觉   정답 (○)

   (2) ① 녹음
       男：周末你做什么了？
       女：我跟朋友一起去逛街了。
       问：女的周末做什么了？
       정답 B

       ② 녹음
       女：你跟我一起去看丽丽吧，听说她住院了？
       男：真的吗？好，我跟你一起去吧。
       问：他们要去哪儿？
       정답 C

       ③ 녹음
       男：你喜欢吃什么？
       女：我喜欢吃意大利面，要不要跟我一起去吃？
       问：女的喜欢吃什么？
       정답 C

4. (1) 一直 —— yìzhí
   (2) 份 —— zhùyuàn
   (3) 住院 —— zhōumò
   (4) 周末 —— fèn

5. (1) 我的感冒好多了。
   (2) 我买了一本杂志。
   (3) 他已经回国了。
   (4) 她怎么还没来？
   (5) 我跟朋友一起去逛街了。

6. (1) 我一直在家里睡觉了，你呢？/ 我跟朋友一起去逛街了，还去了意大利餐厅。
   (2) 吃了一份意大利面和一盘披萨。
   (3) 昨天下雨了。/ 昨天没下雨。

Unit 05
P. 18

2.

회화 1

A 你去过中国吗？
  Nǐ qùguo Zhōngguó ma?
B 去过，去过两次。
  Qùguo, qùguo liǎng cì.
A 都去过哪儿？
  Dōu qùguo nǎr?
B 除了北京以外，我还去过上海、杭州和苏州。
  Chúle Běijīng yǐwài, wǒ hái qùguo Shànghǎi、Hángzhōu hé Sūzhōu.
A 怎么样？好吗？
  Zěnmeyàng? Hǎo ma?
B 都很好，中国人说"上有天堂，下有苏杭"嘛。
  Dōu hěn hǎo, Zhōngguórén shuō "shàng yǒu tiāntáng, xià yǒu SūHáng" ma.

회화 2

A 你来过这家咖啡厅吗？
  Nǐ láiguo zhè jiā kāfēitīng ma?
B 没来过。这是第一次，感觉这里很不错。
  Méi láiguo. Zhè shì dì yī cì, gǎnjué zhèlǐ hěn búcuò.
A 这里的咖啡挺好喝的。
  Zhèlǐ de kāfēi tǐng hǎohē de.
B 你是怎么知道这里的？
  Nǐ shì zěnme zhīdào zhèlǐ de?
A 我以前跟男朋友来过。
  Wǒ yǐqián gēn nánpéngyou láiguo.
B 是吗？我以后也要常来这里。
  Shì ma? Wǒ yǐhòu yě yào cháng lái zhèlǐ.

3. (1) ① 녹음 上海   정답 (×)
       ② 녹음 咖啡厅   정답 (○)
       ③ 녹음 女朋友   정답 (×)

   (2) ① 녹음
       男：你来过这家咖啡厅吗？
       女：来过三次，这里的咖啡挺好喝的。
       问：女的来过几次这家咖啡厅？
       정답 B

워크북 정답

② 녹음
女：你去过中国的哪个城市？
男：除了上海以外，还去过青岛和西安。
问：男的没去过哪个城市？
정답　B

③ 녹음
男：你到学校了吗？
女：是，我八点到了。你在哪儿呢？
问：女的是几点到学校的？
정답　A

4. (1) 除了　—　kāfēitīng
   (2) 咖啡厅　—　chúle
   (3) 不错　—　yǐqián
   (4) 以前　—　búcuò

5. (1) 你去过中国吗？
   (2) 我没来过这里。
   (3) 我看过两次。
   (4) 我觉得这里很不错。
   (5) 你是怎么知道这家咖啡厅的？

6. (1) 我常常去咖啡厅。/ 我不常去咖啡厅。
   (2) 除了北京以外，我还去过上海、杭州和苏州。
   (3) 我喜欢自助旅游。/ 我喜欢跟团游。

Unit 06　P. 22

2.

회화 1

A 你会说汉语吗？
　Nǐ huì shuō Hànyǔ ma?

B 会说一点儿，怎么了？
　Huì shuō yìdiǎnr, zěnmele?

A 我们要去江南，但不知道得坐几号线。
　Wǒmen yào qù Jiāngnán, dàn bù zhīdào děi zuò jǐ hàoxiàn.

B 你们坐二号线就可以到。先坐一号线，然后在市厅站换二号线。
　Nǐmen zuò èr hàoxiàn jiù kěyǐ dào. Xiān zuò yī hàoxiàn, ránhòu zài Shìtīng Zhàn huàn èr hàoxiàn.

A 谢谢你。
　Xièxiè nǐ.

B 不客气。
　Bú kèqi.

회화 2

A 你好，我要买化妆品，能给我推荐一下吗？
　Nǐ hǎo, wǒ yào mǎi huàzhuāngpǐn, néng gěi wǒ tuījiàn yíxià ma?

B 这个气垫粉怎么样？
　Zhè ge qìdiànfěn zěnmeyàng?

A 我能试试吗？
　Wǒ néng shìshi ma?

B 当然。……您觉得怎么样？
　Dāngrán.…… nín juéde zěnmeyàng?

A 不错，我要五个，可以打折吗？
　Búcuò, wǒ yào wǔ ge, kěyǐ dǎzhé ma?

B 有护照的话可以打八折。
　Yǒu hùzhào de huà kěyǐ dǎ bā zhé.

3. (1) ① 녹음　护照　　　정답（○）
   ② 녹음　飞机　　　정답（✗）
   ③ 녹음　化妆品　　정답（○）

   (2) ① 녹음
   男：你好，我们要去江南，要坐几号线？
   女：坐二号线吧，坐二号线不用换车。
   问：女的让男的坐什么去江南？
   정답　C

   ② 녹음
   女：这个化妆品现在打折吗？
   男：对，现在打八折，你要吗？
   问：什么打八折？
   정답　A

   ③ 녹음
   男：你会说汉语吗？
   女：我会说一点儿，我学了三个月了。
   问：女的学汉语学了多长时间了？
   정답　A

워크북 정답　155

워크북 정답

4. (1) 可以 — kěyǐ
(2) 能 — néng
(3) 打折 — dǎzhé
(4) 号线 — hàoxiàn

5. (1) 我会说一点儿汉语。
(2) 我们在哪儿换车?
(3) 我能试试吗?
(4) 这个可以打折吗?
(5) 你能给我推荐一下吗?

6. (1) 我会说一点儿汉语。/ 我不会说汉语。/ 我会说简单的汉语。
(2) 我喜欢买化妆品。/ 我不喜欢买化妆品。
(3) 我觉得中国人来韩国要买化妆品(电饭锅、电热毯、榨汁机、香水、奶粉、红参、人参、拉面、皮包、牙膏、饼干、尿不湿)。

Unit 07 P. 26

2.

회화 1

A 你打算什么时候去中国?
　Nǐ dǎsuàn shénme shíhou qù Zhōngguó?
B 下个月7号去,10号回来。
　Xià ge yuè qī hào qù, shí hào huílái.
A 预订酒店了吗?
　Yùdìng jiǔdiàn le ma?
B 已经订了。这次暑假你有什么打算?
　Yǐjīng dìngle. Zhè cì shǔjià nǐ yǒu shénme dǎsuàn?
A 我打算一边打工一边学习汉语。
　Wǒ dǎsuàn yìbiān dǎgōng yìbiān xuéxí Hànyǔ.
B 祝你度过一个愉快的暑假!
　Zhù nǐ dùguò yí ge yúkuài de shǔjià!

회화 2

A 你好,我在网上预订了两间房。
　Nǐ hǎo, wǒ zài wǎngshàng yùdìngle liǎng jiān fáng.
B 您好,请出示一下您的护照。您是从7号到10号,一共入住三天,是吗?
　Nín hǎo, qǐng chūshì yíxià nín de hùzhào. Nín shì cóng qī hào dào shí hào, yígòng rùzhù sān tiān, shì ma?
A 是的,我打算住三天。
　Shì de, wǒ dǎsuàn zhù sān tiān.
B 我得复印一下您的护照,请稍等几分钟。
　Wǒ děi fùyìn yíxià nín de hùzhào, qǐng shāo děng jǐ fēnzhōng.
A 好的,Wi-Fi的密码是多少?
　Hǎo de, Wi-Fi de mìmǎ shì duōshao?
B 房卡上面有。这是房卡,请先拿好。
　Fángkǎ shàngmian yǒu. Zhè shì fángkǎ, qǐng xiān náhǎo.

3. (1) ① 녹음 暑假　　　정답 (X)
　　② 녹음 愉快　　　정답 (○)
　　③ 녹음 复印　　　정답 (○)

(2) ① 녹음
男: 这次暑假,你打算做什么?
女: 我打算去中国旅行,你呢?
问: 女的暑假打算做什么?
정답 A

② 녹음
女: 您想住几天?
男: 我想八号入住,十号退房,一共住两天。
问: 男的几号入住?
정답 A

③ 녹음
男: 你最近忙什么呀?
女: 我最近一边打工一边学习英语,每天都很忙。
问: 女的最近做什么?
정답 B

4. (1) 退房 — tuìfáng
(2) 标准间 — biāozhǔnjiān
(3) 往返 — wǎngfǎn
(4) 预定 — yùdìng

5. (1) 你打算什么时候去中国?
(2) 我已经预定酒店了。

156

워크북 정답

(3) 大家都准备好了吗?
(4) 请出示一下您的护照。
(5) 房卡上面有Wi-Fi密码。

6. (1) 这次假期我打算去中国旅游。/ 这次假期我打算一边学习一边打工。
(2) 我一般在网上预定酒店。
(3) 我们学校的Wi-Fi密码是01234。

Unit 08 P. 30

2.

회화 1

A 今天又热又潮，连风也不刮。
　Jīntiān yòu rè yòu cháo, lián fēng yě bù guā.

B 天气预报说，今天最高三十五度。
　Tiānqì yùbào shuō, jīntiān zuì gāo sānshíwǔ dù.

A 还说什么了?
　Hái shuō shénme le?

B 今天晴转阴，下午有雨。
　Jīntiān qíng zhuǎn yīn, xiàwǔ yǒu yǔ.

A 难怪空气这么潮。
　Nánguài kōngqì zhème cháo.

B 我给你开空调吧。
　Wǒ gěi nǐ kāi kōngtiáo ba.

회화 2

A 今天天气怎么样?
　Jīntiān tiānqì zěnmeyàng?

B 跟昨天差不多，比昨天冷一点儿。
　Gēn zuótiān chàbuduō, bǐ zuótiān lěng yìdiǎnr.

A 今天的气温是多少度?
　Jīntiān de qìwēn shì duōshao dù?

B 最低零下五度。听说下午要下雪。
　Zuì dī língxià wǔ dù. Tīngshuō xiàwǔ yào xiàxuě.

A 带雨伞了吗?
　Dài yǔsǎn le ma?

B 嗯，带了。
　Ǹg, dài le.

3. (1) ① 녹음 空调　　정답 (X)
　　② 녹음 闷热　　정답 (O)
　　③ 녹음 雨伞　　정답 (O)

(2) ① 녹음
　男: 今天天气怎么样?
　女: 还行，不太热，但听说下午要下雨。
　问: 今天天气怎么样?
　정답 B

② 녹음
　女: 你热吗? 要不要给你开空调?
　男: 不用了，今天不太热。
　问: 男的觉得今天天气怎么样?
　정답 C

③ 녹음
　男: 你怎么不买苹果，买西瓜啊?
　女: 今天的西瓜比苹果更便宜。
　问: 女的为什么买西瓜?
　정답 B

4. (1) 干燥 —— gānzào
(2) 冰箱 —— bīngxiāng
(3) 差不多 —— chàbuduō
(4) 难怪 —— nánguài

5. (1) 今天连风也不刮。
(2) 难怪空气这么潮。
(3) 今天又热又下雨。
(4) 今天比昨天更冷。
(5) 听说下午要下雪呢。

6. (1) 今天又热又潮，连风也不刮。/ 今天很冷，风很大。/ 今天下大雪。/ 今天下大雨。
(2) 我喜欢下雨。/ 我不喜欢下雨。
(3) 今天三十二度。/ 今天零下五度。

워크북 정답

Unit 09   P. 34

2.

회화 1

A 我看你说汉语说<u>得</u>真好。
　Wǒ kàn nǐ shuō Hànyǔ shuō de zhēn hǎo.

B <u>哪儿啊</u>，还不太<u>流利</u>。
　Nǎr a, hái bú tài liúlì.

A 学了<u>几</u>年了？
　Xuéle jǐ nián le?

B <u>快</u>两年<u>了</u>。
　Kuài liǎng nián le.

A 那你<u>算是</u>说得很流利的，发音真<u>标</u>准。
　Nà nǐ suànshì shuō de hěn liúlì de, fāyīn zhēn biāozhǔn.

B 谢谢。
　Xièxie.

회화 2

A 这些都是你做的吗？
　Zhèxiē dōu shì nǐ zuò de ma?

B 是的，快<u>尝</u>尝吧。
　Shì de, kuài chángchang ba.

A 哇！你做菜做得非常好，<u>味道</u>好极了。这些菜都合我的<u>口味</u>。
　Wā! Nǐ zuòcài zuò de fēicháng hǎo, wèidào hǎo jíle. Zhèxiē cài dōu hé wǒ de kǒuwèi.

B 谢谢，那就多<u>吃</u>点儿吧。
　Xièxie, nà jiù duō chī diǎnr ba.

A 你菜做得好，<u>画儿</u>也画得很好，你的手真<u>巧</u>。
　Nǐ cài zuò de hǎo, huàr yě huà de hěn hǎo, nǐ de shǒu zhēn qiǎo.

B 哎呀，你太夸<u>奖</u>我了。快，<u>趁</u>热吃吧。
　Āiyā, nǐ tài kuājiǎng wǒ le. kuài, chèn rè chī ba.

3. (1) ① 녹음　画画儿　　정답（○）
　　　　② 녹음　做菜　　　정답（✕）
　　　　③ 녹음　杯子　　　정답（○）

(2) ① 녹음
　　男：这是你画的画儿吗？画得真好！
　　女：谢谢，我从小就喜欢画画儿。
　　问：女的喜欢什么？
　　정답　C

② 녹음
　女：你要去哪儿？
　男：超市，晚上朋友们来我家吃饭。
　问：男的去哪儿？
　정답　A

③ 녹음
　男：这些都是你做的菜吗？你的手真巧。
　女：哪里，你太夸奖我了。
　问：男的夸奖女的什么？
　정답　C

4.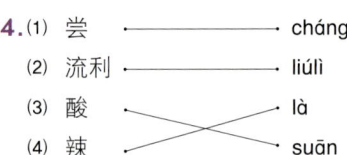
(1) 尝 — cháng
(2) 流利 — liúlì
(3) 酸 — là
(4) 辣 — suān

5. (1) 你汉语说得非常流利。
(2) 谢谢你的招待。
(3) 你做的菜味道好极了。
(4) 这些菜又酸又甜。
(5) 多吃点儿吧。

6. (1) 我说汉语说得很好。／ 我说汉语说得非常流利。／ 我说汉语说得不太流利。
(2) 我喜欢做菜，我做得很好。／ 我不喜欢做菜，我做得不太好。
(3) 我唱歌唱得非常好。／ 我唱歌唱得不太好。

Unit 10   P. 38

2.

회화 1

A 你<u>把</u>手机<u>放在</u>哪儿了？怎么不见了？
　Nǐ bǎ shǒujī fàngzài nǎr le? Zěnme bú jiàn le?

B 我把它放在沙发上了，你再找找吧。
　Wǒ bǎ tā fàngzài shāfā shang le, nǐ zài zhǎozhao ba.

A 真奇怪，沙发上没有啊。
　Zhēn qíguài, shāfā shang méiyǒu a.

B 那你看看沙发下边，可能掉下去了。
　Nà nǐ kànkan shāfā xiàbian, kěnéng diàoxiàqù le.

워크북 정답

A 找到了，在沙发下边呢。
Zhǎodào le, zài shāfā xiàbian ne.

B 你把它放在桌子上吧，我怕又找不着。
Nǐ bǎ tā fàngzài zhuōzi shang ba, wǒ pà yòu zhǎobuzháo.

회화 2

A 你怎么不高兴？
Nǐ zěnme bù gāoxìng?

B 我的手机被偷走了。
Wǒ de shǒujī bèi tōuzǒu le.

A 你先给自己打电话，看看有没有人接。
Nǐ xiān gěi zìjǐ dǎ diànhuà, kànkan yǒu méiyǒu rén jiē.

B 已经打过了，被关机了。
Yǐjīng dǎguo le, bèi guānjī le.

A 哎呀，那你快点儿挂失吧。
Āiyā, nà nǐ kuài diǎnr guàshī ba.

B 我今天真倒霉！
Wǒ jīntiān zhēn dǎoméi!

3. (1) ① 녹음　沙发　　　　　정답（✕）
　　　② 녹음　接电话　　　　정답（○）
　　　③ 녹음　手机　　　　　정답（✕）

(2) ① 녹음
　　男：你怎么了？怎么不高兴？
　　女：我的手机被小偷偷走了，真倒霉！
　　问：女的怎么了？
　　정답　A

② 녹음
　　女：我的钱包你看见了吗？
　　男：你昨天不是把它放在沙发上了吗？
　　问：女的在找什么？
　　정답　C

③ 녹음
　　男：你在干什么呢？
　　女：我在打扫房间，我把桌子上的东西都整理好了。
　　问：女的在干什么呢？
　　정답　B

4. (1) 放 —— fàng
(2) 怕 —— pà
(3) 偷 —— tōu
(4) 挂失 —— guàshī

5. (1) 我把衣服洗得很干净。
(2) 谁把我的苹果吃光了？
(3) 我的自行车被小偷偷走了。
(4) 我被老师批评了一顿。
(5) 请把窗户打开。

6. (1) 我把手机放在桌子上了。/ 我把手机放在包里面了。
(2) 我会骑自行车。/ 我不会骑自行车。
(3) 那你快点儿挂失吧。